後現代政治意識

Consciousness of Postmodern Politics

鄭祥福／著

孟　樊／策劃

出版緣起

　　社會如同個人，個人的知識涵養如何，正可以表現出他有多少的「文化水平」（大陸的用語）；同理，一個社會到底擁有多少「文化水平」，亦可以從它的組成份子的知識能力上窺知。眾所皆知，經濟蓬勃發展，物質生活改善，並不必然意味著這樣的社會在「文化水平」上也跟著成比例的水漲船高，以台灣社會目前在這方面的表現上來看，就是這種說法的最佳實例，正因為如此，才令有識之士憂心。

　　這便是我們——特別是站在一個出版者的立場——所要擔憂的問題：「經濟的富裕是否也使台灣人民的知識能力隨之提昇了？」答案

恐怕是不太樂觀的。正因為如此，像《文化手
邊冊》這樣的叢書才值得出版，也應該受到重
視。蓋一個社會的「文化水平」既然可以從其
成員的知識能力（廣而言之，還包括文藝涵養）
上測知，而決定社會成員的知識能力及文藝涵
養兩項至為重要的因素，厥為成員亦即民眾的
閱讀習慣以及出版（書報雜誌）的質與量，這
兩項因素雖互為影響，但顯然後者實居主動的
角色，換言之，一個社會的出版事業發達與否，
以及它在出版質量上的成績如何，間接影響到
它的「文化水平」的表現。

那麼我們要繼續追問的是：我們的出版業
究竟繳出了什麼樣的成績單？以圖書出版來
講，我們到底出版了那些書？這個問題的答案
恐怕如前一樣也不怎麼樂觀。近年來的圖書出
版業，受到市場的影響，逐利風氣甚盛，出版
量雖然年年爬昇，但出版的品質卻令人操心；
有鑑於此，一些出版同業為了改善出版圖書的
品質，進而提昇國人的知識能力，近幾年內前
後也陸陸續續推出不少性屬「硬調」的理論叢

書。

　　這些理論叢書的出現，配合國內日益改革與開放的步調，的確令人一新耳目，亦有助於讀書風氣的改善。然而，細察這些「硬調」書籍的出版與流傳，其中存在著不少問題，首先，這些書絕大多數都屬「舶來品」，不是從歐美「進口」，便是自日本飄洋過海而來，換言之，這些書多半是西書的譯著。其次，這些書亦多屬「大部頭」著作，雖是經典名著，長篇累牘，則難以卒睹。由於不是國人的著作的關係，便會產生下列三種狀況：其一，譯筆式的行文，讀來頗有不暢之感，增加瞭解上的難度；其二，書中闡述的內容，來自於不同的歷史與文化背景，如果國人對西方（日本）的背景知識不夠的話，也會使閱讀的困難度增加不少；其三，書的選題不盡然切合本地讀者的需要，自然也難以引起適度的關注。至於長篇累牘的「大部頭」著作，則嚇走了原本有心一讀的讀者，更不適合作為提昇國人知識能力的敲門磚。

　　基於此故，始有《文化手邊冊》叢書出版

之議，希望藉此叢書的出版，能提昇國人的知
識能力，並改善淺薄的讀書風氣，而其初衷即
針對上述諸項缺失而發，一來這些書文字精簡
扼要，每本約在六至七萬字之間，不對一般讀
者形成龐大的閱讀壓力，期能以言簡意賅的寫
作方式，提綱挈領地將一門知識、一種概念或
某一現象（運動）介紹給國人，打開知識進階
的大門；二來叢書的選題乃依據國人的需要而
設計，切合本地讀者的胃口，也兼顧到中西不
同背景的差異；三來這些書原則上均由本國學
者專家親自執筆，可避免譯筆的詰屈聱牙，文
字通曉流暢，可讀性高。更因爲它以手冊型的
小開本方式推出，便於攜帶，可當案頭書讀，
可當床頭書看，亦可隨手攜帶瀏覽。從另一方
面看，《文化手邊冊》可以視爲某類型的專業辭
典或百科全書式的分冊導讀。

　　我們不諱言這套集結國人心血結晶的叢書
本身所具備的使命感，企盼不管是有心還是無
心的讀者，都能來「一親她的芳澤」，進而藉此
提昇台灣社會的「文化水平」，在經濟長足發展

之餘，在生活條件改善之餘，在國民所得逐日
上昇之餘，能因國人「文化水平」的提昇，而
洗雪洋人對我們「富裕的貧窮」及「貪婪之島」
之譏。無論如何，《文化手邊冊》是屬於你和我
的。

孟樊

一九九三年二月於台北

序　言

　　後現代主義就像一個巨大的黑洞，它吞噬了現代文化的一切領域。雖然，它起源於建築學，但它橫掃了藝術、文學、哲學、繪畫、戲劇、電影乃至政治意識等領域。後現代主義就像不久前所發生的一場大地震，以致今天社會上的每個人都可以感受到餘震仍在進行。

　　本書將圍繞後現代政治意識這一主題，對後現代政治意識在各方面的呈現加以敍述。它包括後現代政治意識的一般特徵、後馬克思主義、後資本主義、後社會主義等意識型態的變化，包括後現代政治實踐的各方面，如民主意識、女權主義等等。

　　由於「政治」這個範疇歷來敏感，所以，以往政治學方面的論著多限於理論分析、哲學分析以及社會學分析，而對政治現實卻諱莫如深。尤其是「後現代主義」，在人們看來是與「解構主義」相同的，是一個褒貶不一的術語。所以，許多人不願看到政治被解構的字樣。然而，後現代政治意識要告訴人們的，卻並非與此相同，因為政治意識與政治實踐並非一致。往往政治意識型態有時曇花一現，在人們來不及作進一步的思考或付諸現實時就銷聲匿跡了。當然，現實的政治根深蒂固，又豈是一言兩語所能「解構」？

　　作者選擇這一主題不是為了「放火燒山」，而只是為政治理論的大觀園增加一個出入口，給那些善讀政治書籍的朋友們提供點想像的材料而已。可以毫無諱言地說，由於筆者相對地缺乏對浩如煙海的資料的掌握，又缺少可直接引用與借鑑的後現代政治方面的現成論著或經典之作，所以，許多理論難以持之有故，有一些觀點也只是自己的想像之說，讀者可以根據

後現代主義的閱讀方法，利用「語言遊戲」的
手段加以想像或補充。

鄭祥福

目　錄

導　論

　　正如同知識與文化的後現代主義一樣，後現代政治也有著反覆無常的本性。從歷史上看，每當文學、藝術與哲學等等在思想意識方面充當先鋒的時候，緊接著的便是社會政治的變化。然而，「在任何思想的試驗過程中，只有當結論已日益明顯的時候，前提才會出現」（杜威，《經驗的藝術》）。按照杜威這位二十世紀最傑出的思想家的觀點，我們也可作如下理解：在整個社會、政治變化過程中，只有在政治權力改變、世界重新分化和組合時，思想意識的作用才得以顯現。

　　眾所周知，本世紀六、七○年代，當法國

的德希達、傅柯、德國的海德格等當今最著名的哲學家提出了「現代哲學的終結」、「形而上學的終結」、「哲學也是一種文學」時，人們感覺到一股強勁的背叛力量與一種無名的壓力。可是，沒過幾年，一種後現代的哲學思潮居然風靡全世界的文化領域。八○年代初，被人們稱為第二代後現代主義哲學家的李歐塔（J. F. Lyotard）、詹明信（F. Jameson）、布希亞（J. Baudrillard）等人，便將後現代主義推廣到整個人類文化領域。

　　且看李歐塔的後現代主義政治觀。李歐塔認為，社會存在需要人們做「語言遊戲」，只有透過「語言遊戲」的方式，人們才能辨明「公正」（justice）問題。但是，由於公正並不存在一個統一的標準，所以，就需要人們有一種寬容的精神。一旦人們把自己的意見強加給別人，那麼，「公正」問題的性質就發生了轉變，甚至會導致戰爭。這就是說，公正的倫理學問題轉變為政治學問題了。在政治中，一方的支持者認為自己這方是公正的；而另一方則不

然。不同階級、不同民族之間關於公正的爭論，如同人們在語言遊戲中的爭辯。當人們面對各種不同的話語時，某些極端性的觀念逐步地中性化了，並被人們所忘卻。在實現了雙方的約定之後，約定的內容沒有什麼是神秘的了。我們並不知道是誰強迫誰，在強制性方面我們無以言說，不可能會有人固執於敍事的一極。不過，在這樣的情況下，整個政治是沒有一致性可言的。因為，任何人都可以互相地約定一個標準。

後現代政治作為一種意識型態，是與亂七八糟的世界現實狀況相一致的。在今天這個世界上，「自由」變成了一個濫用的術語，「平等」有著幾十種不同的涵義，綠色成為健康的象徵，激進成為保守的同義語或者說是保守的激進。在今天這個世界上，民主已令人厭煩，它不再是多數人的統治，作為一種政體，它受到了攻擊；男人不再是世界的主宰，婦女希望並將與男人爭奪國家的最高權力；非群體化與少數人將代替過去的階級，社會角色發生轉變。

在後現代政治中，一切舊的範疇與觀念將隨時
間一起流逝，人們長期堅持的聯盟已被拋棄和
解體；人們所接受的卻是一種捉摸不定的、變
化無常的哲學世界觀。

　　但是，與知識、文化的後現代主義不同的
是：後現代政治則是一種意識型態，而不能說
是一種純粹的政治實踐。雖然某些政治聯盟已
經解體，然而卻存在著一些小的聯盟，這些國
家或民族卻從未有哪個領導人說，政治是多元
的、不統一的、混亂無序的。後現代政治意識
與政治實踐之間究竟是否有同一性？這個問題
似乎在目前還難以斷言。

　　本書將闡述兩個方面，一方面，闡述後現
代政治意識的一般特徵、表現；另方面，闡述
自本世紀六、七〇年代以來看似後現代的政治
現實的某些狀況。具體內容包括：第一章，敘
述後現代政治意識的形成及其特點；第二章，
敘述作為意識型態的馬克思主義在今天的發展
狀況；第三章，闡述後資本主義與後社會主
義；第四章，介紹後現代民主政治意識的形成

與發展；第五章，介紹與後現代民主政治有關
的女權主義；最後一章則討論當今政治意識發
展趨向。

第一章
在反覆變化中形成的
後現代政治意識

　　我們面對著的這個地球已經有了四百五十萬年的歷史。在其進化的歷史過程中，它常常發生劇烈的變化；直到上一個三百萬年，我們才能把地球稱為有生命的系統，社會生活——人與人之間相互作用的體系則是在較近的時期才出現。宇宙的日曆將告訴我們，歷史就像是一個劇本，宇宙則是一個舞台，這個劇本是在三十四萬年前開始的，而我們所能談論的人類歷史只不過五千年。

　　自從荷馬智人第一次漫遊地表以來，人的活動改造了地球的內陸居住地。在地球的經濟圈中，人生存的自然環境、人生活的質量受到

了人組織起來的力量之強烈影響。從埃及的金字塔、中國的長城到蘇伊士運河，我們彷彿看到了人類自身組織起來的力量之無可抗爭性；從十字軍東征到中國元朝忽必烈橫掃東歐，從拿破崙戰爭到希特勒向全世界人民索取陽光下的地盤，從史達林格勒保衛戰到太平洋戰爭的爆發，都無不體現了人類自身組織起來的力量在防禦侵略、毀滅他族方面的能力。

雖然，人類改變地球的行為模式無情地發生變換，但是，他們並沒有放棄歷史上承繼下來的習慣與約定。從古以來，政治、經濟與社會行為模式總是依稀可辨的。例如，義大利與法國人的浪漫瀟灑，英國人的拘泥傳統，日本人的「菊花與劍」，中國人的崇尚信條等等，這些共同性使得該民族的人們談論互相趨同的特徵變得更有意義。

因此，理解當代世界的政治面貌，就必須去尋找各國、各民族之人民相互作用模式的共同性。從柏拉圖的理想國到馬克思的共產主義，從資本主義的自由競爭時代到後工業社

會，無不體現了人們在理解世界政治中尋求共
同性的必要性。

　　然而在今日，世界處在一個新時代的端
口，它在短短的幾個春秋中卻發生了半個世紀
乃至一百多年來所沒有發生過的變化。這種變
化是如此鉅大，以致歷史的連續性似乎偶然地
中斷了，變得模糊不清了。美蘇兩個超級大國
之間冷戰的結束，標誌著這個新時代的開始。
幾乎五十年的時間，冷戰渲染了政治、經濟的
各個方面，影響及全球和平與發展。而現在，
隨著1989～1992年戈巴契夫宣告蘇共統治勢力
的退出，柏林圍牆在此風潮中倒塌，東西德分
隔的屏障消除了。冷戰業已結束，柏林圍牆也
已成為歷史，蘇聯解體，德國再度走向統一，
共產主義出現了差異，中國大陸強調有中國特
色的社會主義，和平與民主的力量正在全世界
迅速發展。

　　我們如何來理解近年來政治動盪所造成的
世界政治格局呢？如何理解正在變化的政治意
識呢？我們如何能像邱吉爾所說的「更多地借

鑑歷史，就能更多地預知將來」呢？

一、政治革命的解構

　　畫分歷史時期是以某種變化的程度為標誌的。例如，蒸汽機的產生所引起的是工業革命，電子計算機的誕生所導致的是新科學技術革命等等。但是，我們現在所處的時期有所不同，其變化的步伐更迅速，結果更深刻，其中一個很重要的特徵就是走向世界政治的革命解構。

　　眾所周知，第二次世界大戰前後，隨著世界反法西斯戰爭的進行，許多弱小民族紛紛舉起獨立、解放的大旗，一時社會革命就如昔日戰場，狼煙四起。民族獨立不妨也可以視為世界幾大體系的解構。最近幾年，隨著一些東歐國家政治上的動盪，兩大世界體系結構也發生了解體，並由此引發某些無序狀態。例如，多極體系、兩極政治的結束，民族主義的復活等等。東歐各國的分裂趨勢仍在繼續。但在另一

方面，解構也意味著新的集結或聯盟趨勢的存
在與發展，世界各民族正在交往，觀念、經濟、
和平與安全等方面更緊密地結合在一起，許多
國際組織和非國家性質的組織正在蓬勃發展，
並發揮著一、兩個國家所不能發生的作用。

　　在人類歷史中，重大的戰爭意味著最重要
的歷史轉折點。戰爭摧毀了原先的國際秩序，
重組了國家之間的關係。特別是本世紀以來的
兩次世界大戰，象徵著與過去的中斷或決裂。
在國際關係的重組中，原先占居支配地位的國
家其地位發生了改變，政治中心轉移，兩大世
界體系由此生成。但是，在現今已經發生的解
構，不是由戰爭或革命所推動的，也非歷史上
那種史詩般的變化，它沒有出現拿破崙、希特
勒、史達林、墨索里尼，而是由政治意識型態
的解構所引起的。這種意識型態方面的解構，
給許多國家提供了二次大戰以來第一次真正自
由選擇的機會。

　　隨著政治意識型態的解構，許多關於世界
政治的穩定的普遍性或基本原則已不再有人堅

持，人們更不想要原先的統一模式，也不希望
看到由美蘇兩個超級大國魔爪控制下的兩個統
一標準。而是希望能從自己出發、從本國的利
益與世界政治經濟系統的利益出發來看問題。
這裡可以舉出幾個方面的實例加以說明。

領土擴張是本世紀資本主義發展的主題，
是兩次世界大戰的主要出發點。而冷戰結束之
後，領土問題已不再是國家對外政策中占支配
地位的目標了。各個國家正在改變從前以軍事
方式擴大影響的作法，重心已經轉移。同時，
民主資本主義與馬克思主義之間的爭論，今天
也已不再提供威脅民族安全的基礎。

戰爭武器和軍事工業的發展曾是稱雄世界
的最根本基礎，其數量的競賽曾使得全球人心
不寧。然而，隨著戈巴契夫單方削減軍備、裁
軍之後，隨著冷戰的結束，強權已不再單獨地
控制這個世界。

杭廷頓（Samuel Huntington）在其《變
遷社會中的政治秩序》一書中認爲：「政治現
代化包括權威的理性化、結構的分化以及政治

參與的擴大。」政治現代化有三種截然不同的
模式：歐洲大陸的模式、英國模式和美國模
式。西方的政治現代化歷經了好幾個世紀，它
是隨著英國資產階級革命、法國大革命、俄國
革命、美國獨立戰爭等等形式而實現的。

　　在十七世紀歐洲建國時期，「典範國家」就
是波旁君主政體時的法國，其它國家自覺審慎
地仿效著波旁模式。而在十八世紀末到十九世
紀，典範國家是英國的議會制，當時，歐洲國
家面臨著民主化和下層社會參政的問題，英國
的制度為這一階段的現代化提供了模式。但
是，本世紀的第二次世界大戰之後，美國卻成
了各國夢寐以求的新制度的典範；蘇聯則一統
半個世界的社會主義模式。

　　可是，今天冷戰的結束已經使政治革命發
生解構，同時也使模式化的現代化發展發生解
構。後現代政治正是以這樣一種意識型態的變
化為特徵的，它企圖超越現代主義，迎合多樣
性與分歧（或差異），贊成不連續的支離破碎，
反對一致性，拋棄長期堅持的政治聯盟。

對於政治意識，人們所談論的大多是一種英美與德法哲學在文化之間的室內對話，一種閱讀與理解德希達、海德格、維根斯坦或阿多諾（T. W. Adornor）比之理解社會經濟或經歷非洲人民的飢餓還要重要的對話。因此，在後現代政治與直接的社會政治現實之間缺乏明顯實質性的聯繫，後現代政治已經形成的公開標誌是對任何一種經典的普遍性意識（「後設敘事」）的否定。它是從觀念上說的，而不是從政治戰略層面上說的。但是，對每一個後現代主義的作家來說，後現代主義者們所討論的觀點具有重要的實踐意義。

二、後現代政治意識的分歧

政治，是一個最具爭議性的領域之一。因為，政治家比之一般的科學家更為厚臉皮，他會傾向於根據自己的某種需要來曲解事實。政治思想與人們對政治的認識和政治的現實之間

是有差異的。因此，這三者之間的矛盾常常引起政治理論家之間無休止的爭論。而後現代主義反對「後設敍事」的普遍性與迎合差異的態度，提供了對所有先前已確立的政治觀的挑戰。所以，在後現代主義這塊領地中，挑戰與應戰、批評與反批評則更爲激烈。

現代政治實踐需要政策、計劃與戰略來保證統一性與一致性，這就是說，需要政治的「後設敍事」系統闡述與傳播。政治的成功往往是後設敍事得到普遍承認，而反對意見卻銷聲匿跡。但後現代政治意識卻與之截然不同，它試圖把各種競爭的見解、少數人的觀點拯救出來，爲少數人的觀點進入政治的競技場掃清道路。

(一)後現代主義政治與新右派

政治右派注重社會生活的各方面，尤其是較重視傳統，這種政治是與個人主義、享樂主義的自由權利觀聯繫在一起的。道格拉斯(Micheal Douglas) 把政治右派的觀點簡要

地說成「貪婪就是好的」思想流派。這個思想
流派反對前現代主義的觀點，只主張保留人道
主義的現代文化傳統。他們反對市場經濟、反
對馬克思主義的一切理論。

後現代主義否定政治的統一性，但是，在
否定政治的統一性與一致性的同時，卻無意中
又承認各種理論生存的權利。換言之，後現代
主義否定了「後設敍事」，但卻在方法論上承認
了「後設敍事」作為一種學說與其它對立觀點
的並存之可能性。

由此而論，後現代主義的政治觀與政治右
派的觀點具有一定的一致性。因為，在對政治
否定的同時，後現代主義強調了當今歐美政治
意識型態的新特點，從另一種意義上卻論證了
西方政治的優越性，以及西方勝利論的觀點。

(二)後現代主義政治與新左派

政治左派是較能與後現代主義相一致的，
許多政治左派的人物本身就是一個後現代主義
者。與右派相比，左派的思想更具有後現代性

質。當然，新左派的後現代主義的影響是雙關
的，連續不斷的對後現代主義的國際爭論與布
希亞對馬克思主義的評價，證明了新左派影響
的雙關性。例如，當人們歡呼布希亞的後現代
主義的「馬克思主義的復活」的時候，另一些
人則反對這一點，指明或揭露了布希亞反馬克
思主義的一面；當一些人認真地從事於布希亞
的後現代主義的觀點時，另一些人卻以各種方
式諷刺地描繪他，說他是一個後現代主義的「皮
條客」，僅僅沉迷於「華麗的辭藻」而已。德希
達、李歐塔、魏克菲爾（Wakefield）等左派份
子確認了布希亞後期的思想，將布希亞的後期
後現代主義思想納入自己的立場，並透過其後
現代主義的邏輯，用修辭學與美學來代替辯證
法與倫理學，把差異的概念普遍化。

　　新左派對於後現代主義的承認是以「新的
老資格的人」（new timers）為主體的。這批人
集結在《今日馬克思主義》、《經濟與社會》等
雜誌的周圍。他們堅持一種與修正的共產主義
相一致的見解。這也就是說，堅持了一種「後

馬克思主義」的觀點〔這種後馬克思主義觀點
主要來自於拉克勞（Ernesto Laclau）和墨菲
（Chantal Mouffe）〕。後馬克思主義認為，激
進的民主話語已不再是一種普遍話語，由認識
論出發的普遍的階級言語與主體言語已被根
除，代之而起的是「不同聲音的多音符」。他們
認為，經典的馬克思主義受到了挑戰，馬克思
主義的中心已經不存在。政治觀點的多元性允
許每一種觀點都以平等的方式存在。因此，所
要做的是用批判的眼光看待來自「第二國際」
的馬克思主義的政治，批判馬克思主義的關鍵
性概念，支持多樣化，反對無產階級的社會主
義。他們把當今的資本主義稱為「晚期資本主
義」（late capitalism），把晚期資本主義看作
是與後現代主義的反本質主義的觀點相一致
的。後現代主義政治的出現是晚期資本主義發
展中的政治與文化邏輯的必然產物。

　　新左派對於後現代主義的反對則表現為各
種形形色色的馬克思主義，其中包括安德森（P.
Anderson）的馬克思主義美學、沃德維斯（F.

Woodiwiss）和柯亨（P. J. Cohen）的圖解式
「沒有廢話的馬克思主義」，還有來自革命的
馬克思主義。這些人對於後現代主義的反對，
是由於在「新的老資格的人」的後現代政治哲
學觀方面發生意見分歧。同時，這些人尤為關
心的是後現代政治的實踐結果。他們並不歡迎
後現代的多元論、折衷主義，認為後現代主義
的理論對於批判資本主義沒有任何幫助。

　　新左派對於後現代主義的反對其理由在於
以下兩個方面：

　　第一，因為後現代主義否認政治，否認傳
統上支持左派活動的目標和理想，曲解了馬克
思主義，在實踐上並沒有形成有助於馬克思主
義發展過程的自我反省的新東西。

　　第二，後現代主義是一種過時了的意識型
態，曾經為那些因六〇年代末以來到八〇年代
工人階級鬥爭浪潮失敗而覺醒的先輩革命家們
所闡述。馬克思主義從未成為一種僵死的或靜
止的政治哲學，不能把個人特殊的動機強加給
馬克思主義。後現代主義絕不是什麼新鮮的東

西，而是失敗主義者的悲觀論調，是無任何理由的理論。

　　的確如此，後現代主義政治意識似乎缺乏歷史的歸屬，它被新保守主義者們指責爲無政府主義的理論。在社會歷史的實際發展中，後現代主義就像一艘沒有航向的汪洋中的一條船，在無秩序的政治漩渦中漂流、廻旋。它無助於當代世界政治的實踐，但卻有助於政治鬥爭中各種意見的表達，也加強了文化的政治側面存在的價值。

三、從政治唯心主義到後現代政治意識

　　任何政治意識不是爲了維護統治就是爲了謀求解決政治爭端的良方，對於國際政治則更是如此。一方面，霸權力量試圖維護自己霸主的地位；另方面，政治家們總想能夠形成一種解決國際問題的新手段。根據各種政治觀所謀求的解決問題的方法之不同，我們可以看到一

組前後連續的不同觀點：

㈠唯心主義的政治觀

唯心主義的政治觀認為，關於實在或現實的假設和這些假設所得出的結論之間是同質的。它認為，人類的本性是善的、利他主義的，因此，人們之間的相互合作與幫助是可能的；人類對他人的幫助與關心使社會進步成為可能；社會上存在的惡勢力只是制度的產物，是損人利己的社會結構所產生的；戰爭雖非不可避免，但我們可以透過剷除戰爭的根源來盡可能地抑制戰爭的爆發或減少戰爭，國際社會的組織體系是抑制戰爭、解決國際爭端的有效手段。

為了解決國際問題，唯心主義的政治觀認為：

第一，我們應當建立國際性組織來替代產生第一次世界大戰的國際聯合體，保護弱小民族的主權不受侵犯，透過國際間合作來解決戰爭問題。

　　第二，制定國際法，用法律的程序透過中
介、調停等手段解決爭端，制止戰爭。因此，
需要成立永久性的國際正義法庭。

　　第三，要用佈道方式使各國把其主要精力
投入自己的土地上，互相尊重主權，保證控制
武器的使用，遵守國際法，保障國內人民的民
主權利，以民主來維持世界的和平與安全。

　　唯心主義的政治綱領大約出現於本世紀初
的二〇年代，但是尚未試驗過，就爆發了第二
次世界大戰。當德國、義大利、日本諸國向全
世界提出了分割領土的要求時，唯心主義的政
治觀便宣告破產了。

(二)政治實在論（或政治現實主義）

　　第二次世界大戰的爆發，導致了世界政治
學界對唯心主義政治觀的批評。替代性的政治
觀是：政治實在論。

　　作為一種政治理論，政治實在論產生於十
六世紀的政治哲學家馬基維利（Nicola Ma-
chiavelli）。馬基維利在其著名的政治學論著

《君主論》中把政治活動的動機植基於利益、
謹慎、權宜之計、道德之上。之後，在二十世
紀的世界政治學中，實在論的政治學把民族、
國家看作世界政治舞台中的主要角色，它所要
解決的問題是民族或國家每日所要面臨的問
題。例如，國家主權、領土的獨立完整、國際
法的基礎與根據、對外政策的選擇與行使等等
問題，都是實在論政治觀最為關心的問題。

　　實在論的政治觀認為，政治的核心是國家
的自由，是國家利益的存在，是國家的責任。
政治的基礎是人民的利益是否能得到自我保
障，至於國家對意識型態的選擇則是無關緊要
的。由此可推，按照實在論的政治觀，國際政
治的遊戲是圍繞國家權力而進行的。每個國家
都是這個遊戲的參加者，每一個遊戲都是為了
權力的需要、權力的增強、權力的設計與使用
等等。為此，國家間的關係是種權力的關係，
每個國家的活動都是為了增強自己的力量、發
展軍事、擴大武器生產，與利益相近的國家結
成政治聯盟，尋求權力的最大化與穩定性。

　　在現實中，第二次世界大戰之後，兩個超級大國之間冷戰的加劇，與核武器生產的升格、軍備競賽等等，引起了全球的不安。政治實在論也因此而得到了廣泛的承認，國際之間權力競爭決定一切的觀點，成了人們普遍接受的觀點。

　　儘管政治實在論得到了許多人的承認，但是，隨著人們的深入研究與仔細分析，仍然會發現存在著重要的問題。例如，何種政治是最能為民族利益服務的？聯盟究竟是推動和平抑或造成不穩定？軍隊是促進民族安全抑或有助於軍備競賽與戰爭？國家是強大的時候抑或弱小的時候更傾向於侵略性？國際之間是互相競爭更有助於民族利益，還是互相合作更有助於民族利益？

　　根據政治實在論的觀點，回答這些問題需要有實在的證據，才能令人滿意。然而，政治實在論對國際關係雖具有較嚴密的認識，卻缺乏解決競爭的方法。我們無法找到一個確定的證據作為有意義的標準，即使找到了，分歧也

仍是很大的。就如同美國當時對越南的干涉是否為美國國家利益服務的問題也是分歧重重。許多人認為，政治實在論已不適合於今天的國際政治的新發展，特別是不能解釋五、六〇年代開始形成的西歐新體系。因為在西歐，新的聯盟似乎更強調國家在利益上的互相合作，而非僅僅為了自己狹隘的民族利益。政治實在論忽視了國際政治中最基本的倫理原則，助長了軍備的發展，卻妨礙了世界經濟的增長。

自六〇年代之後，政治實在論便開始江河日下，行為主義政治學則開始成長為一個替代品。

㈢後行為主義的政治研究方式

行為主義政治學是透過其理論探討、研究的邏輯和方法來定義的，與其說它作為理論觀點，倒不如說是一種研究方法更恰當。

行為主義常被稱為科學的探討政治學的方式，它反對先前存在的研究人類行為模式所依據的基礎——傳統的人們認同的真實觀念。而

行為主義認為，國際之間的爭論必須集中於理
論的意義、語用要求與檢驗理論命題的方法
上。行為主義政治學的這一觀點需要有不斷累
積的知識來說明。但是，累積可證實的知識是
十分艱難的工作。因此，人們自然就開始對之
感到厭煩。

最有力的批評意見認為，行為主義者在方
法上是先入為主的，它忽視了發展中的世界的
實在問題，只是把注意力集中於檢驗那些對決
策者沒有多大關係的假設，認為那些不相干的
假設卻適合於保護其民族生活；只是把自己的
論證基於那些與迅速發展的世界或將來發展的
世界不相關的過去的經驗模式、行為模式。因
此，這種探討很難說是有利於今天或明天的世
界發展的。

於是，後行為主義政治學要求新的研究必
須集中於新的問題，從多學科角度重新考察行
為主義基礎的哲學底蘊。所謂的「後行為主
義」，指的不是與行為主義相似的研究方法，而
是指批評行為主義，試圖以新觀點取代行為主

義的各種政治學說。這些新的學說包括後實證
主義、後實在論的政治觀（或後現實主義的政
治觀）、新自由制度學派等等。

　　後行為主義政治學認為，行為主義政治學
是一種實證主義的政治學。它雖然排除了終極
原因，從事於科學的研究方式，把一切理論基
於可以證實的事實和現象之上；但卻忽視了人
類的價值，忽視了人類的道德問題。所以，與
行為主義、實證主義的研究不同，後實證主義
是社會批判理論、後結構主義、後現代主義或
解構主義在人文科學研究中的一個構成部分。
其理論宗旨就是對實證的研究方法給予充分懷
疑與反省，揭露以往研究的侷限性。

(四)新實在論的政治觀

　　新實在論的政治觀與舊實在論政治觀一
樣，試圖把政治理論系統化成一個嚴格的演繹
體系。但是，與舊實在論政治觀相比，新實在
論政治觀是從解決國內與國際因素之區分等問
題著手的，它把國際政治描繪成一個整體，國

家雖是這個整體中的一個主要角色，卻只是這個整體的一個部分。

新實在論的政治觀認為：

第一，國際體系來源於國家之間的相互作用，而又對每個國家起限制性作用。在國際體系中，國家仍是主要角色，國家的活動是為了保證自己的生存空間，推進國力的發展，國家所面臨的任務基本一致，只有能力的不同，能力限制了國家在國際體系中的地位。能力大小不同的國家之分布，刺激著這個體系的變化。例如，從多極到兩極、從兩極到無極的變化等等。

第二，新實在論政治觀主張，國力應是一個中心概念。但是，探討國力不應被看作目的，而是一種生存與發展的手段，它不是由人類戰爭的本能所驅動的。國家力量的發展可以透過兩種途徑：其一，內部發展，增強經濟力量、軍事力量，形成適合於本國發展的戰略；其二，外部的努力，加強和擴大自己的聯盟，削弱反面力量。

　　第三，形成一個國際間力量平衡的體系是必要的。但是，形成國際之間的力量平衡並不是國家的中心任務。一個國家的目標是複雜的，任何一個目標都可能隨其他政策的變動而發生變化。所以，國際之間的合作就受到了限制，一方面，國家總是擔心其他國家對之構成威脅，因此，必須時時警惕其他國家在力量上的發展；另方面，國家總是擔心自己在經濟上依賴於其他國家，受制於其他國家而陷於被動局面。

　　總之，謀求國與國之間的合作似乎是當今世界政治發展的一個特點，無論新實在論者指出種種令人擔憂的因素，但仍有許多國家由於種種原因積極地尋求合作，從而形成國與國之間的互相依賴性。

(五)新自由制度學派

　　與新實在論政治觀一樣，新自由制度學派也認為需要建立一個國際關係的結構體系。但是，他們比之新實在論政治觀更注意國際制

度、國際組織的作用，主張國際間的互相合作。

　　新自由制度學派的理論根源可以追溯到
五、六〇年代興起的地區性聯合，主權國家可
以在一定意義上獲得政治統一。特別是在西歐
這塊歷史上曾經是最好戰的地區創立了新制
度，廣泛地吸收了其他國家在經濟、政治、貿
易等各方面互相平等，求得相對的和平與安
全。五、六〇年代這種聯合的初步成功，迅速
地向其他地區推廣開來，東歐國家建立了華沙
條約下的聯盟，第三世界國家雖沒有明文協
定，卻也無意之中形成獨立的一個體系。

　　六、七〇年代國際經濟貿易的迅速成長，
進一步傷害了以國家為中心的政治現實主義的
前景，使得人們把注意力集中於國家之間的合
作，把它作為當務之急。越來越多的國家擺脫
了民族中心主義，形成了多國合作的新局面，
和平與發展成了世界政治的兩大主題。

　　由於各國之間合作關係的不斷發展，軍備
競賽自然失去其原有的主導地位，並逐步喪失
了其工具價值。經濟力量的平衡已經勝過了軍

事力量的平衡地位。在這之後的最近一、二十
年內，國與國之間逐步形成互相依賴的網絡，
霸權趨於穩定，並最終發生解構。因此，新自
由制度學派提出了三點核心理論觀點：

第一，國家之間互相依賴的世界觀。互相
依賴的世界觀是在七〇年代形成的一種後現代
主義的政治意識。它主要用於批判古典的現實
主義的政治觀。它批判了國家是世界政治舞台
上唯一的角色的觀點，把世界政治描繪成「全
球社會」中各種互相作用因素的總和。同時，
國家之間相互依賴的觀點也批判了實在論提出
的有關國家安全占居支配地位的觀點，認為在
相互依賴的前提下，對外政策不是單一的防禦
侵略、維護領土完整、主權不受侵犯，而是多
樣化的。因為，政府政策的廣泛安排可以衝擊
任何其他單一的做法。

第二，建立國際體制、國際組織的觀點。
就整個世界政治而言，是沒有任何中心的，它
是「無政府主義的」。國家之間的合作關係雖然
有序，但卻沒有任何一個政府可以支配或領導

其他國家。爲了維持國與國之間的正常交往，就只有形成國際性組織與國際制度，形成大家約定的管理程序和規則。

第二次世界大戰以來所形成的全球金融與貿易體系是對國際制度的生動表達，金融與貿易制度確立了自由的國際經濟秩序，把政府的干預限制在世界經濟之中。同時，也使資本與商品跨越國界，自由地流動。特別是國際金融基金會（或貨幣基金會）與關貿總協定在自由的國際經濟秩序中起著重要作用，這再次說明了國際合作中國際制度的重要性。此外，銷毀和控制核武器、裁軍等國際性協定也對世界和平與安全起推進作用。

第三，世界霸權穩定性理論。儘管非國家性質的世界組織或角色在自由的國際經濟秩序與民族間合作中起著關鍵性作用。但是，由於美國這個超級大國以壓倒性的力量介入了二次大戰以後的經濟、貿易與國際事務，並一直處於穩定性地位，所以新自由制度學派便提出與之相應的霸權之穩定性理論。

　　新自由制度學派認為，他們所提出的霸權
的穩定性理論不同於政治實在論觀點。因為，
政治實在論認為，霸權一經獲得，就會被濫用，
被用於剝削、壓迫其他弱小民族，導致世界政
治的不穩定性。而新自由制度學派則認為，獲
得霸權的國家在軍事上用之維護世界和平，在
經濟上控制世界貿易、金融與投資，既利於本
國又利於他國，這是可能的。

　　然而，霸權的穩定性理論是否說明了冷戰
之後世界的政治秩序，是否能真正地體現霸權
與世界穩定之間的因果關係等問題，尚有待進
一步的事實證明。

　　在今天多變的世界政治中，我們要分析今
天變化的局面並預見明天的世界格局，僅靠一
種觀點是不夠的。我們必須用一系列的知識來
武裝自己，對一切競爭性的政治理論採寬容的
態度。因為，不同觀點之間有時是不可通約的。
全球問題是一個廣泛而複雜的問題體系，它是
對任何單一的見解與觀點的挑戰，這是後現代
政治得以形成的一個現實基礎。後現代主義政

治觀與我們今天面臨的世界問題是相適應的，
是與冷戰結束過程中的世界政治相一致的。

四、後現代世界政治與國際關係

　　儘管後現代政治意識不是近幾年所產生的，但是，只有近幾年來的世界政治與國際關係才真正地稱得上是後現代的。冷戰的結束給整個世界政治帶來了新的轉機，使人們在觀念上發生了巨大變化，使國際關係、國際政治發生了巨大變化。

　　第一，冷戰的結束形成了新的馬克思主義觀。馬克思主義自從形成以來，一直被人們當成一種現代政治意識，它曾推動著世界共產主義運動，推進了像蘇維埃政權、中國共產黨、德意志人民共和國等政權的建立，馬克思主義是整個世界共產主義運動的指路燈。但是，隨著冷戰的結束、蘇聯的解體、柏林圍牆的倒塌，人們對馬克思主義有了新的認識，特別是對原

先一個模式的共產主義理想有了充分的理解，而眞正體會到的是馬克思的精神，卻非其表現於外的某種理想。中國特色的社會主義理論就是在這個前提下的積極產物。

第二，冷戰的結束使世界政治從兩極走向無極。它的後繼者是一個政治多元化、經濟市場化的分裂了的各個邦國。儘管在目前還存在著一個組織鬆散的蘇聯體，但虎視耽耽的北極熊形象畢竟已成爲歷史。美俄關係是一種新關係，是建立在互相信任基礎上的友誼和夥伴關係。因此，隨著蘇聯解體，全球政治力量分布已經走向了無極狀態，這正像新自由制度學派所指出的，出現了霸權的穩定性。

第三，冷戰的結束形成了世界政治結構中權力變化的不確定性。隨著冷戰的結束，個別國家是否能成爲世界霸主？國際組織的力量究竟如何？每個國家在新的世界政治體系中的地位如何？所有這些問題都變得不確定了。在這個不確定的世界體系中，每個國家都感覺到自己處在一個陌生的位置上。

　　冷戰後的無極狀態，是由於權力構型本身
所引起的不確定性。美國顯然在目前是一個強
大無比的國家，它在波斯灣戰爭中的表現已經
使人們信服這一點。但是，這並不意味著世界
將由一極的霸權國家所主宰，日本與西歐各
國，還有俄國，都隨時可以成為美國的挑戰者；
特別是俄國，更是一個不確定的因素。早在1815
年，在拿破崙戰爭結束時，歐洲的某些強國就
創立了「歐洲協定」來維持戰後的和平。俄國
也是努力維護世界新秩序的國家之一，是一個
積極的參與者。然而，冷戰已使人們感到心驚。
德國也是一個不確定的因素，在第一次世界大
戰時期，德國曾是一個民主國家，之後的威瑪
共和國使整個德國的發展振奮了一陣，隨後產
生的是民主政府、起飛的經濟、低失業率，與
鄰邦保持良好的合作關係。可是，突然在一夜
之間，「經濟大恐慌」的衝擊傾刻使德國人的戰
爭情緒劇增、過熱，以致造成了那段令人毛骨
悚然、殘暴悲慘的歷史。可見，多極的世界出
現的可能性很大，不確定性是當今世界發展的

主流。

　　鑑於以上的局面，有的政治哲學家認為，當今對世界政治與國際關係的研究需要一個三重綱領：解構、會話與重構。這三重綱領又合併成兩種批判理論的模式。

(一)解　構

　　解構提供了我們揭示對社會關係的解釋中那些隱蔽與缺乏的東西的基本方法，使我們能夠重新理解或解釋關鍵性概念。例如，經典的文本中的那些關鍵辭彙——國家、安全、無政府等等。解構使得原先主導性的話語的基礎發生動搖，使傳統的現實主義和實證主義的論證根據受到質疑與挑戰。它所提供的理解方法是我們正在從事的解決複雜問題的行為——是語用。在對用語的理解中，解構論認為，我們只有求助於我們論證的習慣，才能熟悉那些政治辭彙，只有在形成這些關鍵性概念的約定過程與政治的履行過程中，我們才能理解其涵義。

　　我們必須把我們所熟悉的東西加以消除，

就如同洗去一卷錄音帶一樣；必須把那些先入
之見加以重新思考，對那些已確定的政治環境
加以重新思考。但是，這還遠遠不夠，所需要
的是應當承認意見是多元性，每個人的意見都
只是在對多稜鏡般的政治過程中的一個方面的
理解，它不可能構成對實在世界的完整的透
視。意見的多元論將擴大我們的視野、擴大我
們會話的範圍，使我們的思維更加合意、更精
緻。

(二)會話　（conversation）

　　會話是為了達到對社會現實的多元理解，
它所提供的是目標開放的、沒有任何固定程
序、沒有任何確定的標準、沒有任何可以服從
的權威觀點。由於這樣的會話是公平的會話，
所以，它可以助長社會關係，有利於政治空間
的重新確定，有利於我們增加對差異或分歧的
理解與認識，以及對其他文化與社會的寬容
性。

　　會話雖然允許各種意見的存在，但這並不

是一種多元的無限循環。在會話中，參與者所發表的意見是有限度的，他們的自由想像的可能性也是新穎的、有界線的。因此，會話本身不是目的，而是一種理解的方法。作為一種對政治概念的理解方法，它必須內在地關心每個參加者不受束縛的自由的興趣。然後，以求更好地重新闡述與重構政治概念、政治觀點。

(三)重新闡述或重構

重新闡述或重構就是把政治的概念置於人類自覺創造歷史的過程中，置於形成政治概念、政治觀念的進化的語境之中。把傳統的談論主體邊際化，使國家融入整個世界政治的關係中，使其原先作為主體的理解方式徹底消融，使國家與國家之間成為一種互相的主體間的關係，或者說是互為主客體關係。國家既是一個國家又是世界政治體系中的一個要素。

後現代主義的政治觀對現代性結構的否認，並不涉及對所有構成該結構的要素的否認。羅蒂 (R. Rorty) 曾經說過：「我們否認

現代性，但這並不等於否認啓蒙運動的全部成
果與目的。」後現代政治所要批判的是現代社
會的那種分裂性與強迫性，把「施與」變成「自
由參與」，把政治主體變成邊際化要素。

　　後現代國際政治，是後現代政治意識發展
的大環境。在當今世界上，任何一個國家都不
可能離開國際環境來發展自己的政治，各個國
家一方面發展著自己的個性，以致不斷地形成
相互間的差異；另方面，又不斷地在國際交往
上形成互相依賴的關係。後現代政治意識的其
它方面也都體現了後現代國際政治的影響，而
對於後現代政治國家來說，是世界大舞台上的
一個演員或角色，這個角色表演得好壞，往往
影響著整台戲的風格。

第二章
馬克思主義
——從正統走向邊際化

　　現代政治意識型態中的一個重要思想學派就是馬克思主義。作爲一種政治學說以及哲學、經濟學理論，馬克思主義曾在第一次世界大戰前後風靡全球。二十世紀初的許多著名的哲學家、經濟學家、社會學家與政治學家等等都曾經一度成爲馬克思主義者，例如二十世紀思想界的巨星沙特（Jeen　Satre）、弗洛姆（Erich　Fromm）、馬庫色（Herbert Marcus）、巴柏（Karl Popper）、托夫勒（Alvin Toffler），甚至包括後現代主義哲學家李歐塔的早年在內，都曾是個馬克思主義者。特別是在社會主義國家裡，馬克思主義是整個國民的

政治意識型態，在一切社會科學乃至自然科學
中占居支配地位。

　　然而，隨著戰後各國經濟的發展，人們的
政治意識型態不斷地發生改變，許多原有的政
治意識都接受了時代的考驗，並接二連三地被
修正與翻新。馬克思主義作爲一種政治意識，
無疑也是不斷地變化的。如果我們把正統的馬
克思主義看作第二國際的產物，專注於馬克思
恩格斯理論的部分結論，那麼本世紀五、六〇
年代的西方馬克思主義則走上了反對正統馬克
思主義的道路，而今天的馬克思主義不僅表現
爲對正統的鑑別與篩選，而且也表現爲吸取馬
克思主義的基本方法方面。所以，我們不妨把
注重方法而不注重理論結論的馬克思主義稱爲
「後馬克思主義」。

一、正統的馬克思主義

　　第二國際之前的馬克思主義，可以稱之爲

正統的馬克思主義。

　　正統的馬克思主義者認爲，馬克思主義是由三個重要組成部分所構成的，即馬克思主義哲學、馬克思主義的政治經濟學與社會主義理論。在這三個組成部分中，哲學是方法論，政治經濟學是論證的根據與手段，社會主義則是論證得出的結論。因此，一切馬克思主義者的努力都將圍繞這一目標。

　　正統的馬克思主義是以一個簡要推理的邏輯與結論出發的。衆所周知，馬克思曾在《政治經濟學批判》的序言中對自己的思想作了簡要的概括。就是這簡要的概括，成了正統馬克思主義最經典的依據。馬克思認爲，生產關係的總和構成政治和法的上層建築的基礎，並產生特定的意識型態與之相適應，它是人類社會生存和發展的現實基礎。因此，人們生產物質資料的方式是他們全部社會、政治和精神生活的條件。在社會發展的某一階段上，生產力的發展不斷地導致生產關係與之不相適應，並使生產關係成爲生產力發展的桎梏。這樣，社會

革命的時代就將到來。在人類歷史上，我們可以根據生產方式的不同而區分為亞細亞的、古代的、封建的和資本主義的四種模式、四個階段，並且資本主義是造成對抗性社會的最後一種生產關係，隨著這種生產關係的終結，人類社會的史前史就宣告結束了。資本主義社會的發展必將產生無產階級革命，並最終奪取政權，推翻資產階級專政的國家，實現共產主義的理想。

馬克思的這一結論在其《資本論》第一卷中得到了充分的表述。馬克思對資本主義的分析最初基於兩個方面，即大規模的工業和農業生產。他認為，隨著資本主義體系的擴大，土地與資本之間的不同、地主與資本家階級之間的不同都消失了。由於資本的大魚吃小魚的追逐利潤的本能，這兩個階級融合成了兩大對抗階級：擁有生產資料的資本家和赤手空拳、一無所有的無產者。資本家階級剝削剩餘價值，是一個資本主義社會生產的規律，是整個資本主義生產方式存在的前提。馬克思說：「這樣

一個一般的剩餘價值率——像一切經濟規律一樣，要當作一種趨勢來看——是我們爲了理論上的簡便而假定的；但是，實際上，它也確實是資本主義生產方式的前提，儘管它由於實際的阻力會多少受到阻礙，……在理論上假定，資本主義生產方式的規律是以純粹的形式展開的。實際上始終只存在著近似的情況。」（《資本論》）這種「純粹的形式」是馬克思分析中的基本前提。他設想，一切非資本主義生產的領域，或者被資本主義制度的擴張所吞併，或者從屬於資本主義。因此，在資本主義社會裡只存在著資本家和工人兩個簡單化了的階級。在這兩個階級的關係內部，資本主義原始積累是一個絕對的一般規律。資本的原始積累造成了資本的集中，而資本的集中所造成的後果是階級的兩極化，社會的極少數人掌握生產資料與社會的幾乎全部財富，而另一方面則是相對貧困化的不掌握生產資料的一無所有的雇傭工人。因此，隨著這種對立的鴻溝的擴展與加深，階級關係日益尖銳化，以致最終導致無產階級

推翻資本主義制度的社會革命。

　　正統的馬克思主義顯然是從馬克思、恩格斯理論的表面結論出發的，它所注重的是馬克思的以下結論：

　　　　第一，無產階級是整個人類解放的「心臟」，是新的歷史的創造者。動員與發動無產階級是馬克思主義者的基本任務；

　　　　第二，階級鬥爭是推動社會發展的直接動力，革命是「歷史的火車頭」。因此，緊緊抓住階級鬥爭，進行無產階級革命是馬克思主義者的根本目的。

　　由於正統的馬克思主義只是從馬克思理論的結論出發，並篤守馬克思主義經典作家的某些著作，所以，也可以稱之為教條主義的馬克思主義。它把其它種種不同的馬克思主義觀以及其它非馬克思主義觀概括為唯心主義反動的世界觀，認為自己的正統馬克思主義是唯一真正的馬克思主義。

二、對馬克思主義理解的分化

本世紀四、五〇年代以來，對馬克思主義的理解出現了前所未有的分歧，各種標榜馬克思主義的思想流派紛至沓來。但是，大體上都是認為正統馬克思主義對馬克思的本義理解不準確，從而認為要重新閱讀馬克思，對之作出新的理解。

(一)法蘭克福學派

法蘭克福學派形成於本世紀三〇年代，從霍克海默（M. Hokheimer）接替法蘭克福社會研究所所長職務開始。自從霍克海默擔任該社會研究所長之後，研究所的方針有了一個顯著的變化。從政治上說，研究所的成員傾向於既拒絕社會民主黨人的改良主義，又反對親莫斯科的共產主義的日益僵化的教條。他們不具任何特殊的政治背景，首先把注意力集中於資

產階級社會的文化上層建築，企圖重新考察馬
克思主義的思想基礎。

　　法蘭克福學派的代表人可以分爲兩代人，
第一代是阿多諾 (T. W. Adorno) 與霍克海默
等人，第二代是哈伯瑪斯 (Jüngen Habermas)
等人。兩代代表人相比較，第二代法蘭克福學
派代表人可以歸之爲「後馬克思主義」，具有後
現代主義的基本特徵。

　　法蘭克福學派自我標榜自己是「批判理
論」，其主要的目標是實證主義，甚至包括馬克
思本人的實證研究風格。他們基本上贊成馬克
思從經濟關係分析社會的方法。但也認爲，社
會現象的許多方面僅靠經濟分析是不夠的，特
別是對精神分析與對人類個性的分析，只靠經
濟福利來迎合是辦不到的。

　　批判理論把它自己看作是整個西方哲學傳
統的繼承者，它並不是馬克思和恩格斯所說的
要加以廢除的形而上學哲學，而是這種哲學的
科學性的退化。霍克海默認爲，人類理性包括
兩類：一類是發現人類從外在的壓抑和強制下

解放出來的手段，另一類是對自然界實行技術上的駕馭，即工具理性。馬克思的思想集中論述的是工具理性與人類解放的理性。

批判理論一般都否認社會革命的必要性，把階級鬥爭與經濟政治降至第二位。他們認為，目前世界上無產階級革命的條件與時機都尚未成熟，因此，批判理論的任務就是闡明在社會中起作用的反對力量，提高被壓迫階級的思想覺悟，實現其意識的革命。

法蘭克福學派還認為，當今資本主義的擴張侵略的本性和法西斯主義的政治，其根源在於精神上的疾病，是一個社會心理學的問題。他們要求建立愛的社會，以求人類永久和平。馬庫色認為，佛洛伊德與馬克思的理論是可以調和的，技術社會、工業社會的發展使人成了「單面的人」，發達的工業社會是極權主義的。當技術進步時，所造成的是人的超量壓抑、人的異化。因此，所需要的是文化革命，消除文化與社會之間的對立，透過構成現實的另一方面的更高的文化，消除對抗性的、異己的因素。

(二)存在主義的馬克思主義

本世紀六〇年代中期，在法國出現了存在主義的馬克思主義，其主要代表人是加羅蒂(R. Garaudy)、列斐伏爾 (H. Lefebvre) 與沙特等人。

存在主義的馬克思主義強調馬克思的辯證法思想，主張用存在主義的觀點來改造馬克思主義。1954年，海德格 (M. Heidegger) 在《論人道主義的信》中，按照存在主義的異化理論來理解馬克思的異化觀。他認為，無家可歸狀態變成了當今世界的命運，因此，有必要從存在的意義上去思考這種命運。在基本而重要的意義上，馬克思從黑格爾那裡認識到的所謂人的異化，其根源乃是新時代人的無家可歸狀態。弗洛姆也指出，馬克思的哲學構成了一種精神上的存在主義，代表了一種對人的異化、對人失去他自身，對人變成物的資本主義社會的抗議。列斐伏爾也堅持這樣的觀點，他認為，徹底的人道主義是人與自然之間辯證關係的實

踐，人透過實踐克服自己的對立面——自然而實現自身，他提出用「總體人」的概念來代替異化人的對立物。「『總體人』同是生成活動的主體與客體。他是與客體對立而又克服這個對立的能動主體；他是被分割成各種局部活動和各種規定的主體，但又是克服這種分割的主體，……總體人是能動的主體——客體。他首先被分裂、被肢解，被囚於抽象性與必然性中。透過這種分裂，他走向自由，成為自然，……他成為總體，像自然一樣，但又將自然置於他控制之下。這種總體人是『揚棄異化』的人。」（列斐伏爾：《辯證唯物主義》）列斐伏爾雖贊同無產階級革命，但是，他卻認為，即使無產階級革命成功之後，異化也照樣存在，也同樣擺脫不了資本主義社會所面臨的問題。

　　存在主義的最傑出代表人沙特讚揚青年馬克思的思想，並認為，青年馬克思是和恩格斯對立的。他認為，馬克思主義者的政治是進步的，他擁護工人應當服從共產黨的領導，因為這是他將來自由的保證。沙特認為，「馬克思主

義的生命力遠未衰竭，它還非常年輕，幾乎還
在童年；它的發展幾乎尚未開始。因此，它依
然是我們時代的哲學。我們不能超越它，因為
我們不曾超越產生它的條件。」（沙特：《方法
研究》）沙特非常贊同馬克思關於物質生活的生
產方式制約著整個社會生活、政治生活與精神
生活過程的觀點，認為存在主義所能做的是恢
復認識論的辯證法方面，這是一個薄弱的環
節。這種辯證法應當從個人著手，「辯證法是總
體化規律，總體化過程造成若干集體、若干社
會以及歷史，……但同時，這又須由千百萬個
人的活動編織而成。」（沙特：《辯證理性批判》）
而理解個人在總體化過程中的作用，那麼就只
有用存在主義所提供的在總體框架內理解主觀
的個人生活經驗的方法。存在主義是接近現實
的唯一具體的道路。

(三)結構主義的馬克思主義

　　結構主義是取代第二次世界大戰以來的存
在主義、新托馬斯主義和人格主義而登上思想

舞台的。由於社會的變化，存在主義等思想流派所堅持的信仰主義與科學主義，重新占據思想的領地。

結構主義試圖用其哲學方法來研究與重新理解馬克思主義。它的主要代表人阿圖塞（L. Althusser）認為，蘇共二十大對「個人崇拜」的譴責，使一些共產主義國家中出現了「馬克思主義的人道主義」。他認為，這種人道主義的馬克思主義與過去的所謂「經濟主義」一樣，嚴重地威脅著馬克思主義的發展。所以，他的任務首先就是要反對以上兩種傾向。

阿圖塞認為，馬克思主義有其潛在的理論框架，所以，我們不能直接地從表面上去閱讀與理解馬克思的著作，而是要運用「對症閱讀法」從深層結構上來把握馬克思的作品。

阿圖塞還認為，人類社會歷史的運動是由複雜的因素所決定的，這些因素包括三類：經濟的、政治的和意識型態，社會進化與發展的結果不是由某個單一的因素所決定的。作為一個結構，每個因素都在起作用。同時，這些因

素也被結構所決定。但是，最終起決定作用的
是經濟，經濟是支配性的結構，經濟這個支配
性結構的決定作用從未從這個作爲整體的結構
中分離出來。整體結構是沒有中心的。

　　從結構的因果關係觀出發，就可以得出「無
主體的」歷史概念。歷史並非是人主宰自然的
直線發展的均勻過程。因爲，眞正的主體絕非
是由個人構成的支配歷史的主體，而只能是生
產關係或社會關係。

　　除了以上種種不同的馬克思主義外，還有
義大利的伏爾佩 (G. Della Volpe) 的馬克思
主義，他強調馬克思與盧梭之間在政治上的聯
繫，主張用平均主義形式的法律體系來保障社
會向社會主義階段的過渡。還有美國的新左
派，主張批判工業社會、技術社會、宣揚無政
府主義與甘地主義 (Ghandianism)，提出了所
謂的「新工人階級理論」。

　　然而，種種不同形式的馬克思主義，都主
張對馬克思主義的某些理論結論作修正。隨著
戰後資本主義世界的穩定化發展，「馬克思主

義者」開始感覺到自己已無力推翻資本主義的政治經濟結構，開始感覺到馬克思主義的某些結論不可實現等等。於是，就開始形成了後馬克思主義的觀點。

三、後馬克思主義

後馬克思主義雖然與其它馬克思主義一樣，同出一脈。但是，「後馬克思主義」至少包含有三種涵義：其一，把馬克思的學說作爲一般的語言問題，是理想的語言情境所必須的假設，而其結論則與現實世界沒有多少聯繫。這種觀點是與那些堅持西方世界已經處於晚期資本主義（late capitalism）時期的論調的人相一致的。例如，哈伯瑪斯就是這種觀點的代表。其二，同樣從馬克思學說出發，也同樣使用馬克思推理的邏輯，卻得出與後資本主義的存在與發展的觀點相一致的結論。這種馬克思主義觀點並不侷限於馬克思學說的部分結論，而是

從方法上理解馬克思的學說。其三，對馬克思、恩格斯的學說只限於字面的研究，而實際世界的實踐只強調使用馬克思主義的基本方法，把它與自己本地區的情況結合起來。這種觀點可稱之為實踐中的馬克思主義。

(一)哈伯瑪斯的世界統一性與話語

　　哈伯瑪斯是法蘭克福學派的第二代中最有影響的後現代主義哲學家。他的思想不僅表現為對馬克思主義的再理解與對資本主義的獨特分析，而且具有後現代傾向。

　　哈伯瑪斯試圖避免法蘭克福學派後期的悲觀主義的文化批判理論，試圖透過人們之間的相互作用的交往關係以代替馬克思的生產關係來理解目前的資本主義社會。他認為，在目前的資本主義社會中，人與人之間的關係已經大為改善。在廣大人民階層中，生活水準大大提升，「異化」概念已經喪失了它在經濟上受剝削的性質，即使存在著剝削，但也顯得很隱蔽了，整個社會在其外表上顯現出公平狀態。而在異

化的另一端，則已經不再公開地表現爲一種雇
傭勞動合約中的權力關係，由於那些「服務」
機構的政治和經濟地位的加強，私人的權力關
係退居到不公開的、間接控制的強制力背後，
在過去被認爲是強制去做的，現在可以允許按
照自由意志去做了。所以，在這樣的形勢下，
未來社會主義革命的繼承人——工人階級已經
瓦解了。誠然，從整個國家來看，人民是這個
國家的主人。但是，管理這個國家的只能是一
小部分人，在私有制基礎上，任何非政治形式
的民主管理都是不可能的。而在另一方面，那
些不占有生產資料的勞動者並不一定與社會待
遇的喪失有因果上的聯繫。

　　因此，在今天的工人階級的主要階層中，
並不一定會發現階級意識，特別是那種革命的
階級意識。任何革命的理論都失去了它的鼓動
對象。即使還存在著批判的頭腦，也沒有它的
心臟了；即使是馬克思也將不再希望理論一經
掌握群衆就會變成物質力量了。

　　哈伯瑪斯認爲，俄國革命與蘇維埃政權的

建立，是歷史的事實。但是，由力量薄弱的無
產階級發動的、由小資產階級與農民支持的、
在列寧主義訓練的職業革命家領導下、旨在消
滅封建制度與國會的革命，並沒有達到馬克思
所說的社會主義目標。即使建立了社會主義初
級階段的國家，也還必須走工業化的道路。否
則，就絕不能實現人的真正解放。另方面，在
西方，資本主義社會經歷了兩次世界經濟大危
機和世界大戰的考驗，依靠「自律」的方式對
資本主義進行自我調節已成為現實。這種「新
資本主義」將長期存在下去。兩種社會制度的
共同目標是一致的，都是為了建設最好的社會
秩序、永恆的人類和平，最大限度的自由與最
完美的幸福生活。

　　哈伯瑪斯認為，在今天，「語言的問題取代
了傳統的意識問題」。如果技術社會的政策是
要公眾控制的，那麼這個社會只能是理性的。
可是，人們的觀點與意見絕不受操縱和控制，
真正的言談行為包括理想語言情境可能性的假
設。在此情境中，較好的論據就足以解決問題，

卻不一定要有實證的或經驗的證明。如果把這種語言情境看作語言遊戲，那麼就唯有全社會成員有同等機會參與討論方才可能。因此，社會解放的目標是任一言談者所固有的、所必然要考慮的。它是否能付諸實施，這都是一個另外的問題。

　　哈伯瑪斯還認為，在西方，工業社會和技術的發展、技術的交流使政治活動的相互依賴和社會關係的一體化發展到了遠遠超出兩個世紀之前所能想像的程度。在這個交往的綜合統一體中，各種特殊的歷史已經融合在一個世界歷史中。與此同時，人類以前還從未遇到過創造它自己歷史能力的如此尖刻的嘲笑。它失去了對自己創造歷史的能力的控制，以強制性的力量運用維護自己的手段來達到特殊的政治目的已經成為問題。世界的統一性這一馬克思最初提出的理想在今天已成為歷史。這個事實與當初把歷史整體當作它的前提是十分矛盾的。世界的統一和被創造的歷史這兩個範疇只有在一定階段的歷史本身中才具有它們的真理性。

　　在哈伯瑪斯看來，對歷史目的的預測其前
提本身是假設的，而歷史的客觀發展趨勢卻是
含糊不清的。從事政治活動的人總是以自己的
意志去理解這種趨勢，又從自己的利益出發去
決定這種趨勢。所以，歷史哲學也就創造了虛
構的歷史主體。

(二)丹尼‧貝爾的「第二種圖式」

　　美國的新保守主義者、著名的社會學家丹
尼‧貝爾（Daniel Bell）認為，所有堅持無產
階級革命理論的馬克思主義者、堅持批判資本
主義的馬克思主義者，都只是一種抽象的以研
究純粹資本主義為基礎的馬克思主義，亦即只
理解了馬克思關於社會發展的第一種圖式，因
而，是一種不完整的、片面的馬克思主義。丹
尼‧貝爾認為，在馬克思論述資本主義社會發
展時，曾提出了兩個圖式，第一種圖式來自於
馬克思《資本論》第一卷。由於當時資本主義
的發展還處在早期階段，資本主義原始積累的
歷史趨勢證明，隨著資本主義體系的擴大，地

主階級與資本家階級之間的不同消失了，這兩
大階級融合成了擁有生產資料的資本家和一無
所有的工人。根據馬克思當時的設想，資本主
義生產繼續擴展而吸取了整個社會，因而，所
有第三種人都將被排除。這種純粹的設想是馬
克思分析中的基本點。按照這種純粹的設想，
資本的不斷積累造成了資本的集中。資本被集
中到「強大工業企業」手中，卻主要地犧牲了
「許多較小的資本家」，「他們的資本一部分轉
入勝利者手中，一部分歸於消滅」。（馬克思：
《資本論》第一卷）這樣，最終所出現的是階
級的兩極化、簡單化，財富集中在個別大資本
家手中，而廣大的工人階級都赤手空拳、一無
所有，以致使得階級對立尖銳化，造成無產階
級的革命、推翻資本主義制度。丹尼‧貝爾認
為：「應當強調，馬克思關於社會發展的第一
種圖式並不是一種經驗性描述，而是從他的
『純粹資本主義』模式中得出來的。」「然而，
『純粹資本主義』本身是一種理論上的簡化，
等到馬克思開始寫作《資本論》第三卷的時候，

大規模投資銀行體系的發展和股份公司的出現
已經開始改變資本主義社會的社會結構。如果
在資本主義社會的第一階段曾經有農場主、手
工業者和獨立自由職業者的一個『舊』中產階
級的話，人們對於正在出現的經理、技術雇員、
白領工人等等的『新』中產階級又要說些什麼
呢？這就是第二種圖式的基礎。」（《後工業社
會的來臨》）

　　丹尼・貝爾認為，馬克思在《資本論》第
三卷裡已經十分敏銳地注意到了這一點。在新
出現的資本主義社會裡，發生了三大重要的結
構變化：第一，隨著新的銀行制度的出現，資
本累積不再依靠企業家個人的節儉或儲蓄來自
我籌集資金了，而是依靠全社會的儲蓄。第二
個變化是股份公司所造成的革命，其結果是所
有權與經營權的分離，並形成了一個新的管理
階層來指揮勞動。馬克思說這是一個中等階
級。他說，這個中等階級的人數將增加，無產
階級在總人口中所占的比例將相對地越來越小
（雖然它的人數會絕對增加）。……實際上，資

產階級社會的發展進程正是這樣。(《馬克思恩
格斯主義》第二十六卷) 第三個變化是銀行制
度與信用制度的擴大以及股份公司的發展必然
意味著辦公室人員和白領工作的擴大。這三大
結構的變化與《共產黨宣言》和《資本論》第
一卷中階級分化的理論不相一致，它有力地反
駁了經典的馬克思主義。當然，馬克思本人並
沒有因為認識到這三大變化而改變他原來推斷
的資本主義必然滅亡的初衷。

　　但是，丹尼・貝爾認為，至少馬克思的第
一種圖式是含蓄的，他的社會主義革命的必然
性學說只是在經過羅莎・盧森堡等後來的正統
馬克思主義者的竭力宣揚，才使資本主義制度
成為一種急需的必要的崩潰，而關於歷史的證
據，由於馬克思表明利潤率的下降並無內在傾
向，國家能干預和緩和 (即使不能阻止的話)
經濟危機，以及技術已成為資本再投資的一個
公開方面，因此，馬克思在第一種圖式中提出
的傾向已經有了修改 (即使不說是誤用)，並沒
有證據 (在理論或經驗現實中) 說明資本主義

一定會由於制度內部的經濟矛盾而崩潰。

　　丹尼・貝爾認為，所有後馬克思主義者在分析資本主義社會時，都認為資本主義社會制度不是永恆的，沒有人把它看作一種永恆不變的凝固的社會制度，而只認為資本主義是經濟社會進化中的一個「階段」，並料想它一定會被某種後續的集體主義經濟制度所取代。資本主義與社會主義不是兩個根本對立的制度，從走向工業化而言，整體方向是一致的。「『共產主義』不是歷史上的『另一個』階段，而只是若干個工業化不同方式之一」，這種工業化社會，只是透過特殊的政權形式、政治機制與透過市場機制的不同而區分開來。而貝爾認為，他與馬克思之間的區別只是在於：他強調生產力的發展是社會的中軸，馬克思則強調生產關係在社會歷史中的決定作用。

(三)中國化的實踐的馬克思主義

　　作為一種意識型態，馬克思主義究竟如何發展？應該怎樣對待馬克思主義？這些問題是

所有共產黨國家以及信奉馬克思學說的人所面臨急需解決的。蘇聯的解體及其各獨立國家、東歐各國的市場化將會使馬克思主義今不如昔，由此而來的馬克思主義的衰落是否會波及中國大陸呢？顯然，信奉馬克思學說的熱情將會受到影響，但與以前那種頗帶教條主義色彩的熱潮相比，今天中國大陸的馬克思主義卻更為實在，更切合社會發展的實際。

　　近年來，中國大陸對馬克思主義的理解，已經顯著地從原先表面上的馬克思主義理論的某些結論轉向掌握馬克思主義的精髓——「實事求是」。這種對待馬克思主義的風格是鄧小平先生首先倡導的。他說：「學馬列要精，要管用的。長篇的東西是少數搞專業的人讀的，群眾怎麼讀？要求都讀大本子，那是形式主義的，辦不到。」「實事求是是馬克思主義的精髓。要提這個，不要提倡本本。我們改革開放的成功……靠實事求是。……我們講了一輩子馬克思主義，其實馬克思主義並不玄奧，馬克思主義是很樸實的東西，很樸實的道理。」

　　「實事求是」的原則是中國文化所必需的
精神。以「實事求是」來理解馬克思主義與堅
持科學精神是一致的。「實事求是」可以說是一
切科學所要遵守的思維法則。而在中國，實事
求是的馬克思主義亦即實踐的馬克思主義。這
種馬克思主義不拘泥於任何理論框框，不圍繞
不同意見而爭論不休，它承認或允許不同意見
的存在。鄧小平先生說：「我們推行三中全會
以來的路線、方針、政策，不搞強迫、不搞運
動，願意幹就幹，幹多少是多少。這樣慢慢就
跟上來了。不搞爭論，是我的一個發明。不爭
論，是為爭取時間幹。一爭論就複雜了，把時
間都爭掉了，什麼也幹不成。不爭論，大膽地
試，大膽地闖。」（見《鄧小平文選》第三卷，
第372～382頁）

　　學習馬克思主義就是要以實事求是作為思
維準則，走自己的路。為了走出一條新路，就
不能按照馬克思學說的表層結論，而應當大膽
地試大膽地闖。鄧小平先生認為，改革開放邁
不開步子，不敢闖，說來說去就是怕資本主義

的東西多了，走了資本主義道路。要害是姓「資」
還是姓「社」的問題。判斷的標準，應該主要
看是否有利於發展社會主義社會的生產力，是
否有利於增強社會主義國家的綜合國力，是否
有利於提高人民的生活水準。

　　大陸的一些老學者如龐樸先生、張岱年先
生等也認為，馬克思主義必須得以中國化，只
有使馬克思主義切實地結合、融匯到中國文化
中才能發生作用。只有能夠與中國文化相結合
的馬克思學說，才是我們所需要的、真正有用
的。

　　由此可知，馬克思主義的發展將體現民族
特色，它不再是書齋中的學說，不再是凝固的
學說，不再是人們捧著本子天天誦讀的束縛。

第三章
毋須較量
——兩種社會政治體制
在今天的變化

　　資本主義與社會主義之間的爭論，不僅僅是兩種制度性質的爭論，而且更是一種意識型態之爭。近年來，隨著冷戰的結束、蘇聯的解體、東西德的統一，關於這一問題的爭論也已經消解。

　　世界發展如此迅猛，以致我們的理論公式遠遠落在了後面，不管是資本主義的自由市場概念，抑或我們所理解的馬克思主義；不管是自由主義、福利國家，抑或是第三世界發展的傳統理論，似乎都越來越不起作用了。這對於大多數已經實現了工業化的國家來說，卻遭到了合法性危機、參與危機、權威危機、穩定危

機等。所有國家要想作爲一種獨立的政治實體
生存和發展下去，就必須解決這些危機。

這種政治的危機是當今世界發展的一大特
徵。它開始於八〇年代，一大批發達國家的知
識份子認爲，隨著工業社會的發展，財富與權
力分配的變化，以往的政治標籤就像經濟範疇
一樣已經過時了。今天的資本主義國家也不再
像過去那樣單純地靠市場機制來決定它的發
展，社會主義國家也不靠中央集權的計劃方式
而生存，它已經不再像過去那樣過於強調其公
有制了。因此，無論是「左」派還是右派，這
兩派的爭論就好像大海中的沉船，船就要下
沉，而這兩派人還在甲板上搶座椅（托夫勒
語）。

當今意識型態危機的實質，是左派和右派
都開始贊同原來傳統概念的解構。他們認爲，
資本主義與社會主義的範疇都已經過時，新的
概念正在形成，政治的發展將由一種類型向另
一種類型轉變。在這些正在形成的概念和類型
中，人們無法區分出到底是資本主義的還是社

會主義的，而是邊際化的。

一、模式論的失敗

　　資本主義與社會主義曾經自以為是人類社會發展的兩種模式。但是，自從五、六〇年代之後，這種模式論卻失去了它的控制力量。最為典型的例子是：在三十年前，美蘇兩個超級大國在爭取發展的競賽中分別把賭注押在世界上兩個人口最多、地域最大的不發達國家。紅色的蘇聯看上了毛澤東領導的中國，而美國則看上了尼赫魯領導的印度。

　　熱衷於農業的赫魯雪夫向中國領導人提供了蘇聯最優秀的農學家，試圖讓每一個中國人都能豐衣足食，養活每一個中國的孩子，並使他們有發展的機會。而甘乃迪則選擇了他認為最傑出的美國經濟學家、他的朋友加爾布雷思（J. K. Galbraith）擔任美國駐印度大使，試圖透過加爾布雷思直接指導印度經濟的發展。

並且，爲了贏得這場「在印度進行的克服不發達狀態的鬥爭」，白宮破例允許加爾布雷思直接與總統辦公室聯絡。

在這場激烈的競賽中，雙方的目標都是近七億人口的繁榮與前途。可是，他們誰也沒有料到，他們的幫助卻未能堅持到底。蘇聯在六○年初失去了中國，美國也丟掉了印度。中國突然脫離了莫斯科，並逐步摒棄了蘇聯的發展模式，表現出了注重實際、實事求是的精神。在改革開放後，又廣泛地吸收了外國的技術指導與幫助，以致使經濟飛速發展。而美國丟掉了印度之後，由於市場經濟的機械慣性力量，使印度逐漸成了一個貧富不均的混亂不堪的社會。

資本主義與社會主義都不可能形成單一的模式，全球多元化發展的趨勢已經使過去單一模式的體系發生解構。同時，也使其理論上的爭論成爲一堆語言的廢料。人們只要總結一下近幾十年來的發展狀況，就可以輕鬆地得出一個結論：世界的發展在體制上一體化是絕對不

可能的，過去沒有一體化，現在也不可能一體化，將來則更沒有可能一體化。

後現代科學的某些特徵告訴我們，未來不是絕對地被決定的。決定論與非充分決定論都在起作用。「機會」在社會變革中有時也起著非常重要的作用，任何「結構」的說法，例如結構決定事物的發展，都是不全面的，結構並不一定能包含那些偶然的突然發生的因素。因此，將來具有多種可能性，不同思想意識的人可以作出不同的選擇。

還存在著另外一個事實，即各國在經過長期的意識型態之間的鬥爭後，反省冷戰的痛苦，於八○年代開始廣泛地形成了互相合作、互相依賴的關係。

第二次世界大戰結束後，整個地球支離破碎，全球的大部分人生活在飢餓、貧困、災難之中，唯有美國在戰爭中損失最少，得益最多。美國本來可以固守其統治地位，發揮它的經濟優勢，盡可能長時間地利用別國的落後來擴大「帝國」的勢力。然而，如果真的是這樣做了，

成為一個世界的霸主，那麼它也將是一場災
難。因為，美國不可能在外界還是一堆廢墟的
基礎上發展自己的生產能力。假如歐洲以及其
他各國沒有支付能力，那麼，美國就會像一個
被貧困和苦難的海洋包圍著的孤島一樣地艱難
生活下去。所以，馬歇爾便提出了他的計劃：
幫助別人而後做到自助。美國採用了馬歇爾計
劃之後，自發、廣泛地為歐洲及其他國家提供
發展的手段，為這些國家提供了財政援助。這
些國家雖遭到戰爭的破壞，但仍存在必需的生
產設備與基礎，隨時都可以恢復生產。馬歇爾
計劃起了一個推動恢復的作用，雙方都得到了
極大的好處。這些被援助的國家後來成了美國
長期合作的貿易夥伴。美國從中撈回數以百倍
計的好處。

　　馬歇爾計劃使人們懂得了一條法則，即要
確保自己的生存與發展、確保全球的和平，各
個國家就必須相互依存。八○年代初期，隨著
冷戰接近尾聲，各個不發達國家消除了意識型
態爭論中結下的怨仇，廣泛地結交發達國家。

而西方國家則更希望能建成新型的經濟循環。
如果西方不為第三世界國家的發展打開道路，
那麼它自己苦心經營的社會就會窒息，自身的
社會秩序也將崩潰。西方國家已經深深地體會
到：如果不先施與人，那麼就不可能從別人那
裡得到好處。

　　相互依存及其內含的法則，現在已廣泛地
為各個性質不同的國家所認識，它已經擴展到
全球。這一法則的運用，對於改變意識型態的
爭論、促進世界政治舞台上各種不同制度的國
家之間的對話起著極為關鍵性的推動作用。國
家之間的互相依存關係的確立、意識型態之間
對立的消除，是國際政治從現代走向後現代的
重要標誌。

　　還有一個重要的事實是：純粹中央集權的
計劃體制的失敗。歷史上的社會主義國家是以
嚴格的計劃體制為特徵的。蘇聯、東歐各國、
中國大陸、北韓、越南、古巴等等，起初是在
不算十分複雜的工業體制基礎上建立的計劃體
制的經濟。但是，隨著全球經濟的高速發展，

特別是像蘇聯與中國這樣的大國,純粹依靠計劃人員來挑起社會生產的「決策重擔」是不可靠的。社會越多樣化、越分化,局部情況就越千差萬別,隨時隨地都可能發生變化。於是,制定統一計劃的人就只好去研究一般性的趨勢決策,但卻拿不出既靈活又有針對性的決策來適應局部地區的發展情況。他們無法掌握每個地方的具體的變化的情況。所以,自上而下的管理只能越來越難。中國大陸自從1949年以來,雖然在部分領域有了較快發展,但是計劃體制造成了嚴重的弊端與低效率局面。這不能不說是一個純粹計劃體制的失敗。鑑於這種失敗,中國共產黨領導人於1978年開始對此體制作了全面的改革,簡政放權。所謂的十年改革,歸根結柢就是改革計劃經濟的模式,使經濟轉向市場的軌道。但是,中國也不會重蹈資本主義社會市場經濟的覆轍,甚至包括非洲的南非等國家也都不會遵循資本主義發展的階段順序,而是形成新的方式,走出自己的路來。「統一模式論」終歸是一個失敗。誰都不願意去求

失敗而不嚮往新的成功。

　　事實證明，資本主義道路與社會主義的統一模式論都是一個過時的概念。面對這些過時的形式，新的替代者也決非是單一的，而是邊緣化的。對於這些邊緣化的觀點，我們可以透過「後資本主義」與「後社會主義」等概念來加以說明。

二、後資本主義

　　第二次世界大戰以後，西方社會的經濟危機迫使意識型態專家們對資本主義社會加以重新認識，凱恩斯（Keynes）主義隨之出現。凱恩斯經濟學利用了蘇聯社會主義制度計劃控制的優點，對資本主義經濟實行政府干預，從而把資本主義與社會主義兩種體制加以取長補短。之後，後凱恩斯主義則試圖著眼於資本主義體制內部的矛盾與弊端，制訂種種措施來使資本主義國家擺脫當時的經濟困難。他們著重

於資本主義的「管理」方面，提倡「混合經濟」，
提倡「收入均等化」和資源的合理配置，促使
資本主義的舊體制實現轉軌，並和平地過渡到
「社會主義」。

　　但是，新自由主義學派卻根本反對這種折
衷做法。他們反對政府對經濟加以干預，主張
充分地發揮資本主義市場的調節作用，從經濟
倫理學的角度論證了自由市場經濟的合理性。
經過這個保守時期之後，思想家們開始轉向資
本主義制度本身。新制度學派便大規模地在六
○年代末七○年代初發展起來了。新制度學派
在分析社會問題時，總是強調制度結構因素的
重要作用，它們把資本主義社會中所存在的各
種問題都說成是由制度本身所造成的。所以，
如果不從制度與結構方面來改革資本主義，那
就無法解決問題。

　　新制度學派在意識型態過渡到「後資本主
義」的認識上起著重要的作用。

(一)加爾布雷思的「新工業國」

新制度學派的重要代表人加爾布雷思認為，把資本主義與社會主義兩種經濟特徵混合起來的二元體系，造成了「計劃體系」與「市場體系」的權力不平等。這種不平等是現代資本主義社會一切病症的根源。要改造這個病態的社會，解決與革除現存社會的各種弊端，就必須解決權力的不平等問題。

加爾布雷思提出了一個「新工業國」的概念來替代傳統的「資本主義社會」的提法，認為傳統社會中是貧富的對立，而現代社會即「新工業國」裡是知識技術階層和壟斷資本集團的對立。「新工業國」之所以能夠成為替代傳統的「資本主義社會」的概念，是因為：第一，在「新工業國」裡，權力發生了轉移。從歷史上看，權力的內容不是一成不變的。在奴隸社會和封建社會，誰占有了土地誰就擁有權力。在資本主義社會，誰擁有貨幣與資本，誰就擁有權力。而在「新工業國」裡，權力的內容發生

了轉變，它從資本轉向了科學技術，因爲資本
在所有權與經營管理權上發生了分離，股份制
使資本家與經營公司的職員、與股東發生不可
分割的聯繫。科學技術工作者與管理者掌握了
直接的權力，而資本家卻並不如此。所以，權
力發生了轉移。權力的轉移又促使資本主義生
產的目標發生轉移，它不是爲了純粹地追逐利
潤，而是求得企業本身的存在和發展。

　　第二，在「新工業國」裡，社會的不和諧
發生了轉變。加爾布雷思認爲，資本主義的對
立關係在「新工業國」裡發生了重大變化。過
去是勞動與資本的對立，而在「新工業國」裡
則是資本與技術之間的對立。他認爲，「新工業
國」裡，資本所有者的權力被剝奪，地位下降，
收入減少，而技術管理者不但多是高薪收入
者，而且手中的權力也越來越大。但是，由於
資本與技術的這種對立，使得資本和勞動之間
越益親近起來，它變成了技術的對立面。因爲，
本來一般技術工作者和勞動者過去都屬於雇傭
階級，可是隨著現代科技的發展，白領工人、

技術管理人員愈益增多，而藍領工人即普通的體力勞動者則越來越少。這種社會不和諧的轉變，導致了階級關係的轉變。過去的階級關係淡化了，取而代之的是新形成的兩種體制之間的對立，即一極是由壟斷大公司所形成的計劃體制，另一極則是由中小企業組成的集團所形成的市場體制。由於中小企業沒有權力控制自己的產品價格，因此，往往為大公司所控制。這樣的權力不平等關係是造成資本主義社會混亂的病源。針對這種情況，加爾布雷思認為，現代資本主義國家的當務之急是改變「二元體系」條件下的權力不平等狀況，縮小「計劃體系」的權力，提高「市場體系」的地位，使計劃體系中的大公司不能再利用對價格的控制權來剝削「市場體系」中的小企業和個體經營者。只有先做到「權力均等化」，才能做到「收入的均等化」。為了實現「權力的均等化」，我們就必須對資本主義社會的制度與結構加以改革，使之轉化成為不同於馬克思所說的「新社會主義」。這種「新社會主義」是有典型特徵的邊際

化的概念。

　　加爾布雷思的「新工業國」以及反對凱恩斯主義對資本主義社會的「微調」所作出的制度改革，顯然反映了人們對於資本主義的信念的消解，用他自己的話說，就是「信念的解放」。這種意識是形成「後資本主義」這一後現代觀念的出發點、轉折點。

(二)丹尼・貝爾的「後工業社會」

　　著名社會學家丹尼・貝爾認為，十九世紀以前的資本主義是一種家庭式的資本主義，二十世紀前半葉的資本主義則是工業資本主義，現今的社會既不是資本主義也不是社會主義，而是適合於用一個「概念性圖式」來理解的社會，即「後工業社會」。

　　貝爾認為，後工業社會這個概念並非他憑空捏造出來的，而是在總結宋巴特（W. Sombart）、熊彼特（J. Schumpeter）以及達倫道夫（R. Dahrendorf）、羅斯托（E. V. Rostow）等人的思想基礎上形成的。

　　貝爾認為，社會可以分為社會結構、政體與文化三個組成部分。社會結構包括經濟、技術和職業制度，政體代表權力，而文化則是指表達象徵和含意的領域。這些領域可以找到一個起著支配作用的「中軸」。社會結構的中軸原理是經濟化，政體的現代中軸是參與管理，文化的中軸原理是實現自我、加強自我。

　　後工業社會的概念首先涉及社會結構方面的變化，即涉及經濟改造和職業體制改組的方式。其次是涉及理論與經驗，特別是科學與技術之間的新型關係。社會結構的變化對政治制度提出了「管理」問題，科學技術的專家與政治家同時在管理社會中起作用。他們不是成為盟友，就是成為競爭對手。在後工業社會中強烈依靠認識能力至上和理論知識至上的新生活方式不可避免地與文化發展的趨勢發生衝突，並且越來越反對受道德約束，反對制度化。

　　後工業社會的出發點是舊的意識型態爭論的終結。丹尼‧貝爾認為，在西方，五○年代末存在著一種令人困惑的停頓。在知識份子中

間，舊的熱情已經殆盡，新的一代由於對那些
舊的爭論缺乏深刻的記憶，同時，由於沒有穩
妥的傳統可以依靠，所以正在一個從精神上已
經拋棄了過去那種啓示錄般的、千年幸福幻想
的政治社會體制中尋找新的目標。「後工業社
會」是舊的意識型態發生危機的產物。

　　貝爾認爲，他的「後工業社會」概念與達
倫道夫的「後資本主義社會」的概念是有區別
的。他說：「我所用的『後工業社會』有別於
達倫道夫的『後資本主義』的概念，因爲我研
究的是經濟中的部門變化，而他則討論工廠中
的權力關係。」(《後工業社會的來臨》) 在後資
本主義社會裡，工業的統治階級和被統治階級
以及政治社會的統治階級和被統治階級不再是
相等的了；換言之，原則上有了兩個獨立的鬥
爭戰線。在企業之外，資本家可能只是一個普
通公民，而工人卻是一名國會議員。生產手段
不再決定對社會的控制、權力或特權。

　　丹尼·貝爾認爲，關於後工業社會的思想，
如同關於工業社會的思想，或者資本主義，其

涵義只是作為一種「概念性的圖式」,而不是一種實質性的社會型態。它代表著社會組織的一種新的中軸原理。貝爾認為,社會的主要秩序或領域可以透過識別中軸體制或原理而得到最好的研究。

後工業社會和以前的社會有什麼本質的不同呢?第一,從歷史的意義上看,後工業社會是工業社會所展現的種種趨勢的繼續。我們可以把社會的發展劃分為前工業社會、工業社會和後工業社會。在前工業社會,是人與自然界的競爭,它的資源來自於採掘業,它受到報酬遞減率的制約,生產率低下。工業社會,是人與經過加工的自然界競爭,以人與機器的關係為中心,利用能源來把自然環境改變成技術環境。後工業社會,是人與人之間的競爭,以訊息為基礎的智能技術與機械技術並駕齊驅,甚至更重要。第二,進入後工業社會,比之以前的社會具有不同的政治和文化結構。今天,主要的衝突並不發生在生產資料占有者和一無所有的無產階級之間,而是在各種政治、經濟與

社會組織中有決策權和無決策權的人們之間的
官僚科層體制和權威的關係。第三，後工業社
會的概念消解了資本主義與社會主義在意識型
態上的爭論。它表明，可以不從生產資料所有
制的性質或其他方面來理解當今的各種社會，
而透過後工業社會的圖式則更恰當地描繪了當
今各種社會的特徵。「後工業社會的概念就是
使西方社會結構的複雜變化更易理解的這樣一
種『主導方法』。」

　　貝爾描繪了後工業社會的特徵，認為後工
業社會是以服務行業為基礎的。因此，它是人
與人之間的競爭，但不是純粹體力或者能源的
競爭，而是訊息之事，其目的是提高人的生活
質量。這種見解與李歐塔的知識敘事學相類
似。在後工業社會裡，由於形成了人與人之間
在掌握訊息方面的競爭，所以，原先的一切被
認為是合法性的行為便失去了它的意義。由於
訊息可以透過金錢買賣，使掌握訊息的科學技
術工作者成了邊際化的人。他們是知識份子，
但同時又像商人；他們為發展科技事業而工

作，但同時又是竊取訊息的間諜。這樣，哲學的與政治的後設敍事就沒有存在的意義了。

後工業社會是一個「公衆」社會。在這裡，社會的單位是社區，而不是個人，人們必須完成一種「社會決策」，而非僅僅把個人決策集中到一起；參與管理成了社區的一個條件。社會生活作爲人與人之間的競爭，主要是在於人們的政治要求和社會權利的增加。婦女參政、婦女勞動力成爲後工業社會參與管理的明顯標誌之一。在這個社會中，階級關係愈益複雜化，體力勞動者日益減少，管理人員日益增多，地位漸漸提高。特別是，在後工業社會，政府成了社會上唯一的最大雇主。因爲，政府機構的日益龐大，把政府工作人員的薪金與所有開支轉嫁給全社會。

貝爾認爲，後工業社會裡的種種變化，可能在某種程度上代表著西方社會的歷史性轉變。在當代，西方關於社會發展的理論，例如沃納・宋巴特、馬克斯・韋伯（Max Weber）、約瑟夫・熊彼特等，都是與馬克思的社會發展

圖式的不同對話，其主要的不同點在於各人的
理論前提（預設前提）或出發點的不同。在他
們看來，社會主義與資本主義並非是兩個互相
矛盾的體系，而是產生於同一個社會型態的兩
個不同變種。在貝爾看來，當今，無論是資本
主義制度抑或蘇聯的社會主義制度，都面臨著
使社會結構革命化的科學與技術變革所產生的
後果；無論是資本主義企業還是社會主義企
業，到本世紀末必定依然是社會組織的主要方
式。鑑於這兩類企業的合理性的邏輯，我們繼
續討論資本主義或社會主義都是沒有意義的。
後工業社會這一概念圖式正是這種意識型態危
機的新結果。根據後工業社會的圖式，共產主
義不是歷史上的另一個階段，而是歷史發展中
實現同一目標的不同方式而已。

　　貝爾還認爲，在後工業社會中，文化與社
會結構之間的分裂必然要擴大，後工業社會形
成了「反主流文化」。這種文化主張刺激的活
動、對幻想的探索，反對資產階級社會，主張
自由發展，贊成隨意的態度與不確定性。這種

文化就是後現代主義思潮，它使得傳統的一切合法性變得非合法化，它反對遵從任何既成的規則。貝爾指出，這個社會的文化矛盾就是缺乏一個紮根的道德信仰體系，這是對這個社會生存的最深刻的挑戰。

貝爾的觀點被廣泛地認為是後現代主義的。詹明信（F. Jameson）在給李歐塔《後現代狀況》一書所寫的序中認為，丹尼‧貝爾的「後工業社會」對後現代主義作出了重要貢獻。

(三)托夫勒的「第三波」

阿爾溫‧托夫勒（Alvin Toffler）是美國康乃爾大學新社會學研究院教授、研究員，他的《未來衝擊》和《第三波》、《預測與前提》等著作，著重探討了當代社會變革的方向。他認為，世界上的工業社會（無論是資本主義的還是社會主義的）正處在「總危機」之中。托夫勒認為，一萬年前的農業革命的人類社會掀起了第一次變革浪潮，開始於距今約三百年前

的工業社會則引起了一系列的社會和政治鬥
爭，使世界經歷了第二次變革的浪潮。而時至
今日，我們又面臨著一個轉變的關頭。當代技
術、經濟、政治、家庭生活、能源消費以及生
活的其他方面的新趨勢，招徠了人類文明史上
的第三次轉折，即過渡到了第三波的社會型
態。

　　托夫勒認為，工業文明正面臨著一場危
機。西方社會透過兩次世界大戰，不斷地加緊
機器生產，試圖透過大工業、根據薩伊定律轉
生產過渡為生產不足。然而，大工業的表面繁
榮的背後往往帶來大蕭條，一個突出的最重要
的問題是失業問題。蘇聯透過官僚主義的「無
效勞動」來強制性地製造充分就業，西方人則
一直加強專治失業的解藥，至少從凱恩斯、羅
斯福以來就是這樣的。但是，只靠解藥是難以
消滅大批的失業的。因為，解救失業的藥方大
多會產生後遺症，就如同給癌症患者進行化學
治療一樣，為了殺死癌細胞，卻更降低了病人
的免疫力。我們每做一件事，都會造成生生不

已的後果，形成惡性循環。失業的問題不是某個經濟環節所產生的問題，而是由於第二波的結構問題，是由新技術和新文化基礎上的新工業已經確立了，老的工業卻未能被拋棄的問題。簡言之，是由於工業社會的總危機所造成的。

　　工業社會的危機造成了人們在觀念上的新舊、左右的衝突。一些人認為，機器人可以挽救大工業，日本人似乎掌握了新工業的要領，他們掌握了生產價廉物美的汽車、鋼鐵、電子產品等等。但是，日本也未必能在將來的經濟結構中獲得成功。因為，我們說日本人高強，無非是只看到了日本的生產率高，這只是一種老式的、陳舊的定義標準。日本的工業社會的危機同樣是避免不了的。日本的「夫妻店文化」表明，日本的勞動密集程度是小型的，效率高。但是，日本的辦公室職員則亂烘烘地坐在擁擠不堪的辦公室裡，文件堆積如山，工作效率十分低下。並且，日本的許多傳統工業的處境同樣十分艱難，例如紡織業。英國人與日本人則

不同，他們大難臨頭卻無動於衷。英國在通訊
方面有著全世界最優秀的工程師，但英國的政
府卻絕不會考慮到為新興工業打下基礎，而是
反對任何把工業時代拋到後面去的行為。法國
人看到了電腦訊息技術在將來的重要性，但
是，他們卻過分地重視於宣傳與計劃，在行動
中脫離形勢。

　　工業化社會的危機是整個工業體制的危
機，因為工業化是一種文明，一種社會制度；
不僅是一種經濟，而且也是一種政治制度、一
種文化、一套社會體制、一套認識論方法等等。
它絕非是資本主義或社會主義所能解救的，因
為資本主義與社會主義都只是工業文明的產
物。

　　第三波究竟是一個什麼樣的社會呢？托夫
勒認為，第三波不像第一波與第二波那樣簡
單、集中，它是一個極為廣泛複雜的變革社會，
它處於新的綜合時代的邊緣上。

　　從知識或理論上說，所有的知識領域都面
臨著新的綜合。人們不再重視數量上的細節，

不再強調越來越小的問題和越來越精確的測量，不再強調對越來越小的事物的認識。而是強調揭示各種震撼人們生活的因素之間的相互聯繫、潛在的關係，因為，涓涓細流可以匯合成湍急的浩蕩江河巨川，匯合成第三波。

從能源上說，第三波的社會其能源結構發生了改變。大部分原料可以再生，資源比之第二波社會廣泛得多，新的工業在量子電子學、訊息學、分子生物學、海洋工程學等綜合性學科上發展起來，形成電子工業、宇航工業、海洋工程、遺傳工程，以解決生產效率低下與能源不足的問題。

從社會生產上講，實際的生產將在公司的結構、目標和責任等等方面發生徹底轉變。第三波的社會不再存在只管賺錢而生產商品的經濟機構，而是對極其複雜的生態環境、道德標準、政治影響、種族歧視、性別地位等等問題負責。

從思想意識上看，第三波意味著一切舊觀念的崩潰，意味著現代觀念的解體，它改變了

人與自然的對立狀態，不再以技術和物質生活
的標準來看待社會進步。它把新的更豐富的時
間與空間觀念結合起來，以新的因果關係即相
互交叉、相互影響、相互依存的複雜關係把整
體論與簡化論融為一體。新的全球性意識開始
形成，國家主義或民族主義受到了摒棄，新形
成的國際組織與國際體制成為全球一體化的過
渡形式。

　　從政治上看，第三波時期的政黨失去了吸
引力。沒有一個領導人能解決現存制度內部所
造成的矛盾，人們普遍地批評領導人的無能與
錯誤。實際上，第三波文明要求領導人的作風
與品質，不在於自信與武斷，而在於從善如流；
不在於橫行霸道，而在於富於想像；不在於妄
自尊大、權迷心竅，而在於有自知之明，善於
改正錯誤、聽取不同意見。在第三波中，多數
派的統治不一定被看作是民主的，少數派（或
許是農民，是窮人）則是重要的。政治的豐富
多樣、開放而有差異，是新政治體制的需要。
承認差異，對政治機構進行改革，引導我們走

向社會進化和以少數派為基礎的二十一世紀民主，女權主義占有相應的地位，這是第三波的政治的主要內容。

托夫勒認為，「社會浪潮論」讓我們把整個社會看成一個變化的過程，而非把歷史當做依次而來的一個個階段，好像每個階段只是一張靜止的圖片，同一社會在同一時候不止經歷一種浪潮。所以，托夫勒不把社會看成是一元的，而是把它設想成由許多同時發生的運動。他認為，「浪潮」只是一種比喻，不是一種模式。他說：「『力量』或『浪潮』不是物，不能用來套某種模式。」（《預測與前提》）

由此我們可以看出，托夫勒的第三波的思想與丹尼·貝爾的「後工業社會」一樣，是一種對後現代的社會發展圖式的理解，是一種解決資本主義與社會主義兩種意識型態的衝突的方法。

除了貝爾的「後工業社會」、托夫勒的「第三波」之外，還有一些未來學家預言，今天的社會型態已經發生巨大變化。例如，奈斯比的

《大趨勢》中所說的「資訊社會」，羅斯托的「高額消費」與「追求高質量生活」的階段等等。這些「新型社會」，在他們看來旣不同於資本主義，也不同於社會主義。這種「新型社會」的政治是參與型的，生產是多樣化、分散化的，消費與生產合一，市場最終走上終結的道路，經濟走向全球化、世界化。所有現代的民主與集權都將不適於這種新型社會，市場與計劃不適合這個社會的經濟，民族主義最終被視爲落後與倒退。

　　西方的七〇年代以來的政治多元主義在比較研究方面非常活躍。極權主義的理論把資本主義與共產主義視爲走在兩條不同軌道上的對立的兩極，而多元主義理論則把這兩種體制看作是變化的多樣化的發展形式之一。資本主義的理論家們認爲，資本主義已經走向危機，新的發展在於體制與結構的改革與調整。社會主義的經濟學家們也類似地認爲，不但市場有一隻「看不見的手」，而且國家社會主義經濟也有自我再生的機制。社會主義國家的一些早期改

革家們主張把市場機制與中央計劃結合在一起，試圖透過這兩者的結合，形成互補優勢，取長補短。然而，結局卻是，這種局部的改革導致了兩種體制之短，指令性經濟被混合性經濟所代替，它在「雙重依附」條件下活動，經濟受垂直官僚機構和水平市場關係的協調。

社會主義國家實行市場改革及其社會後果，無疑引起了人們對於國家社會主義和資本主義趨同模式的興趣。許多意識型態的專家設想資本主義發展的邏輯對改革中的社會主義國家的影響，認為這些國家中的社會不平等將會出現，並以西方技術和科學的不斷引進來論證其政治、經濟體制同質化預測。但是，國家社會主義社會內部改革的可能結果卻遠不是趨同的，西方的與東方的、傳統的與現代的等等不協調關係在今天的社會主義國家卻是顯得比較和諧的。貝爾格萊德的男孩戴起了牛仔帽，上面綴著五角星；北京宣傳計劃生育的標語欄旁邊是「精工牌」手錶的廣告；布達佩斯中學畢業的舞會上，穿著民族服裝的農村婦女唱的是

美國流行歌曲《酒吧女郎》，接著是搖滾樂隊的
演奏，用低音吉他演奏十六世紀的囚徒曲。但
是，並非只在文化方面這些不可調和的東西並
列到了一起。中國大陸大學的化學系飼養肉鴿
出售，以提高教師福利待遇；一個俄羅斯農業
合作社的主席用電腦計算利潤，背後牆上掛的
是列寧的像。在大陸，也可見到，卡車修理舖
的老板設法要加入新成立的個體戶黨支部；哲
學博士研究生戴著金邊眼鏡擺著賣Ｔ恤衫的攤
子等等。這一切與現代化的社會特徵是那麼地
不協調，但又那麼地自然形成了。人們的觀念
已經不迷戀於現代，而是考慮思想風格的「創
意」、差異。

三、後社會主義

　　馬克思早在《共產黨宣言》中就指出，資
本主義生產的歷史造成了自身的掘墓人，歷史
本身是審判官，無產階級就是執刑者。無產階

級將以暴力推翻資產階級的統治，從根本上剷
除私有制與剝削。1917年的俄國無產階級革
命，最先實現了人類第一個社會主義國家，建
立了真正的計劃體制。最初的成就是顯著的、
受世人矚目的。

　　然而，經過幾十年的運行，包括東歐的一
些國家和中國大陸，計劃體制的弊端日益明
顯，公有制生產關係的效益逐步遞減，嚴重地
影響著馬克思在《共產黨宣言》中所說的「增
加生產力的總量」，計劃體制模式下的社會主
義逐漸走入了一個貧窮的小巷。

　　中國大陸在鄧小平先生的倡導下，率先進
行社會改革。鄧小平先生認為，「社會主義是一
個很好的名詞，但是如果搞不好，不能正確理
解，不能採取正確的政策，那就體現不出社會
主義的本質。」「不解放思想不行，甚至於包括
什麼叫社會主義這個問題也要解放思想。經濟
長期處於停滯狀態總不能叫社會主義。人民生
活長期停止在很低的水平總不能叫社會主義。」
（《鄧小平文選》第三卷）

　　鄧小平先生的思想顯然把以前奉行的社會主義路線作了更改。因為，多年來，人們往往離開發展生產來談論社會主義，把許多束縛生產力發展的因素當作社會主義原則加以固守，把許多有利於社會生產力發展的因素當作「資本主義復辟」加以反對。1986年，鄧小平先生再次強調，「社會主義原則，第一是發展生產，第二是共同致富」。1992年，他又說：「社會主義的本質是解放生產力，發展生產力，消滅剝削，消除兩極分化，最終達到共同富裕」。鄧小平先生的概括反映了人民的利益與基本要求，廓清了不合時代進步與社會發展規律的模糊意識，擺脫了長期以來拘泥於具體模式而忽略社會主義本質的錯誤觀點，深化了對社會主義的認識。

　　眾所周知，1990年以來蘇聯、東歐社會主義體系的解構，無疑宣告了原先蘇聯社會主義統一模式的破產。蘇聯的解體，對人們提出了社會主義向何處去、社會主義究竟是什麼的嚴峻問題。然而，蘇聯社會主義統一模式的破產

也絕非意味著西方資本主義體制的勝利。正如在前一節所述，資本主義的發展已經進入了後資本主義時代，向傳統資本主義提出挑戰的是，後資本主義強調了計劃的力量，強調了國際組織與國際體制的作用，現代發達國家已經不像馬克思所處的時代的資本主義。因此，就像發達國家向傳統的資本主義告別一樣，社會主義國家也在向統一模式的計劃經濟體制的社會主義告別。

如果我們可以把新形成的具有多樣化的社會主義稱之為「後社會主義」的話，那麼，這種後社會主義將表現出以下特點：

第一，和發達國家一樣，社會主義國家淡化了意識型態的爭論，把發展生產看作是一切社會事務的中心。中國大陸在十多年的改革中，顯然已經突破了原來的思想方式，尤其是它已經突破了原來的教條主義框框。鄧小平先生最先在思想上達到了新的境界。他曾在粉碎「四人幫」之後指出，一個黨、一個國家、一個民族，如果一切從本本出發，思想僵化，迷

信盛行，那它就不能前進，它的生機就停止了，就要亡黨亡國。他提出了要根據實際情況來使社會得到發展的宗旨，提出了要分「三步走」的戰略，先允許一部分人先富起來，打破平均主義，激發人民的積極性，以承認差別爲前提，以誠實勞動、合法經營爲條件。然後，富人帶動窮人，沿海幫助內地。

第二，以改革作爲社會主義社會發展的動力。革除舊的弊端，引進新的有活力的機制，這是任何一個社會都必需的。蘇聯模式的計劃體制的社會主義幾十年來存在著極爲嚴重的積弊，特別是勞動生產率增長緩慢。儘管蘇聯在1959年1月2日發射了第一枚飛向月球的火箭，並在同時期建成了兩座原子能發電站與一個大型的原子能中心，但是，蘇聯經濟增長速度卻在下降。柯錫金曾經把這種效益的下降歸結爲自然的、經濟的與政治的原因。而在政治原因上，不僅是因爲蘇聯把重點放在了軍事力量的競爭方面，而且在於其整個計劃體制運轉不靈。六〇年代開始的蘇聯經濟體制的改革，雖

然就企業營利方面與企業自主權、經濟調節與計劃相一致等方面作了有益的討論，但是，由於改革過程中對計劃體制觸動不大，以致收效甚微。法國的經濟學家皮埃爾・萊昂（Pierre Léon）曾說：「1965年9月的改革並沒有從根本上改變以前的行政計劃管理體制，舊體制透過某種左右搖擺的起伏變化，趨於回復到原先的老樣子。」（《二十世紀後半期世界經濟與社會史》）人們依然認為，計劃的命令性與國家控制性是社會主義的本質要素，它起著積極的獨特的作用。

　　由此可見，如果人們沒有徹底的堅決的改革思想，要想打破歷經幾十年宣傳的舊體制是不可能的。改革是原來的社會主義國家生存之道，改革必定要涉及所有制及其管理方式，必定要革除那些阻礙生產發展的因素，要改革曾經脫離生產力發展實際、一味追求提高生產資料公有制程度和企圖以階級鬥爭為綱來推動社會發展的作法。對於社會主義國家的發展來說，改革將是一個永恆的課題。

　　第三，改革開放的社會主義社會將對外實行開放，正確地對待資本主義社會創造的現代文明成果。它將吸收一切有利於自己發展的因素，堅持開放、合作、利用、借鑑，但又堅持走自己獨立發展的道路。它將在國際之間相互依賴的關係中得到發展。

　　第四，選擇市場經濟體制，全面地從計劃經濟體制向市場經濟體制轉變。1979年，鄧小平先生就認爲，市場經濟是我們當今社會發展的方法，把它當作方法，不會影響整個社會主義，不會回到資本主義。1985年，他又認爲，社會主義與市場經濟之間不存在根本矛盾。1992年又說，計劃經濟不等於社會主義，資本主義也有計劃；市場經濟不等於資本主義，社會主義也有市場。鑑此，自1992年以來，中國共產黨的高級領導人就已明確地把市場經濟體制作爲大陸社會主義的新經濟體制。這意味著，大陸的社會主義的發展再次出現新的轉折，也是人類社會主義發展史上的一大轉折。它意味著計劃與市場兩種體制是可以並存的，它們與

經濟發展的水平、規模、程度相適應。

　　第五，政治民主化。政治體制改革，是社會經濟體制改革成果的重要特徵。政治體制改革，就是要實現領導的年輕化、專業化、知識化，為了實現政治體制的改革，克服官僚主義、提高工作效率，調動民眾的積極性，就必須弘揚民主。因為，沒有民主，就沒有社會主義，就沒有社會主義的現代化。民主是幾十年來人民奮鬥的主要目標。但是，民主必須建立在自己民族的實際情況的基礎上，任何抄襲別國的民主方式的作法都不一定會導致成功的結果。中國社會主義的民主包括決策的民主化科學化、基層民主建設、人民參與國家管理與監督、人民政治生活的民主化與經濟管理的民主化等等。

　　總而言之，經過改革以後的社會主義，人們將之稱為社會主義的初級階段，而我們則不妨也稱之為「後社會主義」。畢竟一個模式化的社會主義時代已經過去，新時期的中國特色的社會主義是與傳統的模式化社會主義背道而馳

的。我們很難說，經過半個多世紀的社會主義
實踐，社會主義又重新回到了初級階段，更何
況社會主義的一些先前的實踐家們也認識到了
是初級階段！我們只能說，社會主義將不是一
個許多國家都適合的共同名稱，它將視各國的
具體特點而定，它是具體的、有差別的，即使
同樣稱之為社會主義社會，但分歧始終是存在
的。

　　因此，「後社會主義」的概念意味著先前模
式化社會主義的解構，並意味著將不再會出現
新的模式化的社會主義體制。冷戰的結束將為
此提供充分的條件，中國特色的社會主義理論
也將表明，它只是適合自己本國的情況，卻並
不代表社會主義的體制應當如此。就目前來
說，越南、古巴等國都已相繼投入改革的浪潮，
但卻沒有宣稱自己是站在社會主義的陣營上。
新的世界體系是全球各國的互相幫助、互相依
賴，從和平中求得自己的發展。就經濟發展而
言，各個國家都允許採用最能促進經濟發展、
促進綜合國力提高的方式。而就這種方式來

說，在當今除了把計劃與市場有機地結合起來
之外，別無良策。

　　「後社會主義」究竟能夠成為什麼？它究
竟能發展成什麼樣子？這個問題是我們當今難
以預料的。但是，可以肯定的是，「後社會主義」
是不可能發展成資本主義的。因為，資本主義
發展到今天，社會化程度愈益提高，純粹市場
化的經濟也已日益疲憊、不能振興。「後社會主
義」也不可能發展成過去蘇聯的模式，因為歷
史絕不會重複自己的路。

第四章
民主
——它不是偶像

民主，已經歷了幾個世紀。在這幾個世紀中，民主理論與實踐不斷地得到了修正。在今天，多元主義的民主遍地都是，各種各樣的民主概念是根據說話者的政治追求來確定的。隨著多元主義民主的出現，一種試圖解構民主的思潮也相伴而生。民主絕不是偶像，而是「偶像的黃昏」！

一、民主的起源與發展

「民主」一詞來源於希臘詞demos（人民）

和kratos（統治），民主一詞的意思是「人民統治」，或者說是指人民統治的直接參與的、代表的政治形式。在當今，這個詞在全世界都具有廣泛的積極意義，以致那些幾乎沒有人民參加的政治體制也自稱是民主統治。

許多著述者都認爲，民主應當指一種民主類型，是一種什麼樣的政治體制，通常是用「公衆輿論」來替代民主一詞。確切地說，民主是指透過選舉代表參與政治決策、進行統治的政治體系。這種類型的民主我們常稱爲直接民主。另一種類型是人民「參與」，強調公民在決策中的作用。更爲常見的涵義還有：

1.在政治決策中有公民參與；

2.公民具有平等權利；

3.在某種程度上得到公民承認或維護的自由；

4.有一種代表體系；

5.多數人的統治。

更爲共同的意見是：民主是一種作出決策、保證行政效率與保證形成決策的方法，是種適

合於大眾意見的措施。

在民主活動中，公民參與是最基本的對政治領導人行為的監督，而公民投票選舉則是對競爭性的傑出人物作出抉擇。

(一)現代民主制的形成和發展

許多人曾經認為，民主是與資本主義聯繫在一起的。資本主義是民主的必要條件，因為，傳統的資本主義常常被人們稱為自由市場資本主義，它被描繪成：私人持有財產、對貧窮的累積沒有法律的限制、自由市場──不存在政府對市場的干涉等等。亞當・斯密（Adam Smith）所闡述的資本主義則是人們最有效地為利潤所推動，個人自由地追逐經濟利益，結果便形成了最有效的經濟體系，不管是資本家還是工人，都能如意地消費消費品，都能透過進入商界而進行自由競爭，一些人的失敗則換來了另一些人的成功，但機會是均等的。這樣的機會均等體系，提供了民主化的基礎。

杭廷頓（Samuel P. Huntington）認為，

資本主義在向民主化轉變的進程中已經歷了三次浪潮：第一次民主化浪潮開始於十九世紀二〇年代，美國衆多的男性選舉權的比例擴大。這個過程持續到了1926年，差不多一個世紀，產生了二十九個民主國家。然而，到1922年的義大利墨索里尼登台，標誌著民主化浪潮的「回潮」，民主國家開始減少。至1942年，世界上民主化國家僅剩十二個。第二次民主化浪潮形成於第二次世界大戰反法西斯主義的勝利。到1962年，有三十六個國家實現了民主化，而在1960—1975年間，又形成了第二次回潮，民主化國家再次減少到三十個。第三次民主化浪潮則開始於本世紀七〇年代的一些天主教國家，這是一個天主教運動。它最初出現在葡萄牙、西班牙，然後橫掃南美洲六國，包羅中美洲三個國家，並繼續影響到菲律賓與智利，又返回到歐洲，波及波蘭和匈牙利。直至九〇年代初期，這種天主教對民主的促進才似乎顯現出疲憊不堪的狀態。

　　第一次民主化浪潮是自然形成的，而第二

次民主化浪潮則是由於權威人物過於權力集中導致戰爭的教訓的引導。那麼形成第三次民主化浪潮的原因是什麼呢？杭廷頓認為，原因有五個：

1.集權統治無法維持，對經濟的干預導致了經濟的失敗，民主的價值已得到公認；

2.全球經濟在六〇年代以後的迅速增長，提高了人民的生活水準，增加了教育，形成了中產階級；

3.天主教的轉變成為集權統治的對立面；

4.外部因素的影響，特別是西歐共同體、美國與蘇聯的影響；

5.第二次民主化浪潮的「滾雪球效應」。

然而，假如我們說資本主義是通向民主的必經之路，那麼這種說法是無法得到歷史證明的。美國著名的經濟學家米爾頓・傅利曼 (Milton Friedman) 便說：「資本主義是政治自由的必要條件。顯然這不是一個充分的條件。法西斯的義大利，法西斯的西班牙，過去七〇年間不同時期的德國，第一次和第二次世

界大戰以前的日本，第一次世界大戰前幾十年中的沙皇俄國——這些都不可能被稱作是政治上自由的社會。」（《資本主義與自由》）大多數西方人認爲，民主與資本主義是如此緊密地聯繫在一起，以致認爲要找到另一個替代者簡直是愚蠢的。但是，對歐洲和第三世界國家的許多公民來說，民主與社會主義則是更好的相伴者。今天，人們可以看到，無論資本主義抑或社會主義，都是與不同政治體系相聯結的經濟制度，資本主義適合的集權政治與民主體系，社會主義同樣也存在。在當資本主義過渡到壟斷時期後，壟斷對政府的控制甚至嚴重地限制著民主化程度的提高，它完全可能否定大衆的參與和決策的後果。

社會主義者們則不贊成傅利曼把政治與經濟區分開來的觀點。他們認爲，人民參與政治決策應當擴展到包括形成經濟決定等方面，因爲政治與經濟是不可分割的，經濟決定著政治。公民應當能夠透過他們選舉出來的政府來控制經濟的發展，它包括公民透過持有有重要

意義的經濟成分來控制大部分經濟等方面。具
體地說，它包括：

　　1.透過民主選舉的政府公共持有財產，包
括持有所有主要的工業、交通等公共事業；

　　2.限制私人財產的積累；

　　3.透過政府調節經濟的運行與發展；

　　4.具有廣泛公有化的金融支援與養老金
計劃等等。

　　如果人們假定公民應當控制其政治生活並
對政治決策作出貢獻，那麼這是社會主義民主
的第一步。社會主義的理論家們認為，必須有
某種審查經濟決策的手段，究竟什麼樣的工業
對於整個國家來說具有重要意義呢？這樣的問
題必須透過選舉人民代表來回答，政府調控的
形式和國家工業化的程度也將依賴於人民代表
的決定來改變，並透過人民代表的民意來審查。

(二)民主形成與發展的條件

　　民主的這種歷史發展及其形式，似乎是與
經濟的發展、與政治領導的性質相關的。一般

而言，貧窮國家在政治上民主化程度或多或少會低些。杭廷頓認為，用過去的經驗來預見，影響民主的鞏固與發展的兩個決定性因素是經濟發展與政治領導。

民主就是一切權力歸屬於人民，人民有權參與決策過程並任免他們的統治者。正因為如此，民主並不是想建立就建立的，而是有一定的物質條件、經濟政治條件時才能水到渠成的。具體地說，民主形成的必要條件是：

第一，發達的經濟水準。在目前世界上，民主的國家一般都是經濟較為發達的國家，雖然經濟發達並不必然地造成民主，但民主穩定的國家都是經濟發展程度較高的。一方面，在經濟發達的國家，國民的文化素質高，並且城市化了，他們希望對政治過程有所參與；另方面，這些國家的政局都傾向於穩定，其強大的中間階級是社會體系的支柱，這個階級對任何政治的異舉不願附和。這些國家可以給予公民政治選舉的權利，無須顧慮會導致衝突、造成社會分裂。而在一些有著人多勢眾的下層貧困

階級的國家，如非洲、亞洲、拉丁美洲的大多數國家，民主權利的任何實質性發展，都會使統治階級如坐針氈。但是，貧窮不是不可避免的，像南韓這樣的國家，原先屬於落後的貧窮國，今天卻獲得了令人驚奇的經濟發展。

　　第二，對政府權力的制約。如果說經濟發展使民主成爲可能，那麼政治領導則使民主成爲現實。換言之，如果人們能夠對國家的權力進行控制，民主就會如期而至。當然，對政府權力的制約形式可以是多種多樣的，最明顯的制約是法律形式上的制約。例如，以法律來限制權力的行使，依照法律來彈劾官員，以及保障新聞和其他傳播媒體的批評自由。但是，僅有明文規定的法律的制約還不能保證民主的形成與履行，許多國家在憲法上也有保障民主的條文，但卻形同虛設。就連同英國這樣的國家，迄今都無權利法案。在阻止政府濫用權力方面，非正式的制約比之正式制約還重要。這些非正式的制約廣泛地存在於人們所接受的規範和價值之中。它形成了一種社會性的堅韌的禁

忌領域，使公務員與政府官員望而卻步。這種
無形的制約往往也是現代民主制度的構成基
礎。

　　第三，社會中沒有兩極對立的裂隙。如果
在某個國家，人們的基本價值觀大致是相同
的，同時也對現存的政治制度普遍地認同，社
會分裂行爲難以大規模地存在。那麼，這個國
家的民主就將存在和發展下去。相反，一定的
社會矛盾、爲了利益的競爭卻對民主有著重要
意義。因爲，民主正是各種利益集團在競爭中
形成的調和體系，是利益衝突的仲裁方式。但
是，一旦某些具有政治野心的人挑起了政治的
分野和嚴重的爭端，就會將社會分割成勢不兩
立的對立陣營，以致使民主協商難以形成與存
在下去。因爲這些對立將會使政府領導人強硬
起來以約束衝突的繼續發展。在一些極端對立
的兩派國家裡，民主將是遙遠的，即使沒有民
主的存在，也會是處於風雨飄搖之中、步履維
艱。例如，玻利維亞自1825年以來，政府已換
屆達一百九十次以上，平均每年換屆一次。

　　第四，對不同意見的容忍。對批評與不同
意見的容忍，是現代民主的根基。執政黨應當
將自己的政策與民眾的意見一致起來，而不能
形成對立，不能將自己當成是國家的化身，卻
把民眾當成持不同政見的對立者。特別是在多
民族國家，民主政體應當由各民族代表組成，
而不能以多數人來無視少數民族的意見。否
則，對少數民族而言，將永遠得不到民主。

　　第五，廣開言路，接納眾議。民主是與廣
大民眾的言論自由、新聞出版自由直接相關
的，如果一個政府不能採納民眾的意見，禁止
傳播媒體反映不同意見，剝奪公民的言論自
由，那麼民主將虛有其名。反之，一旦政府不
廣開言路，而是閉門造車、自作主張，那麼民
眾就會對政府失去信任與信心。

　　第六，權力的分散。民主是與權力的分散
相聯繫的，如果權力分散，不爲任何一個集團
所獨攬，那麼民主的希望將大大提高，民主形
成與存在將成爲可能。權力分散的方式就是把
權力交給不同的部門、不同的權力級別，既分

立又制衡，還可以把權力分配給各種不同組
織，例如非政府組織等等，既分散了權力的過
於集中現象，又互相監督，以致使每一個集團
都不能爲所欲爲、我行我素。

　　現代民主制度發展到今天，已經得到了人
們的充分信任。人們相信民主是對社會控制有
益無害的最佳形式，以致民主在戰後的二、三
十年中迅速地擴展到全世界許多體制不同的國
家。但是，歷史的發展絕非直線性的，民主也
絕非偶像，絕非是裝點門面的形式。

二、現代民主意識的多元化

　　民主是否等同於多數人統治？對這個問題
有著許多種誤解。民主絕非是單一的形式，現
代民主在其發展中已日益呈現出它的多樣化趨
勢。

　　在當我們回顧過去一個多世紀的民主時，
似乎有許多次民主爲人們所接受，甚至人們早

已認為，民主已經不再有挑戰者了。然而，隨
著經濟政治的發展，民主都屢屢出現回潮。同
時，隨著當代社會的變化，不同形式的民主廣
泛地增多。這不僅表現在資本主義國家與社會
主義國家之間的分歧，而且也表現為同類社會
制度內的分歧。

　　如果我們首先假定民主所包含的基本特徵
是：政治權利與公民自由，其中公民自由是第
一性的，因為沒有公民自由，政治權利就不能
提供多少價值。

　　鑑於這兩個特徵，那麼現代資本主義民主
就具有兩個不同的根源：第一個根源是人民普
遍地期望能管理他們自己的事務，或者說是提
出管理他們自己的事務之意見。實際上，人們
是普遍地希望能夠提提意見，而不是直接地介
入管理自己事務的活動。第二個根源是自由主
義。自由主義是對社會與政治的信仰與態度，
它假定了法律面前的人人平等，假定人類基本
權利的存在優先於國家利益或共同體利益等價
值觀。這裡的自由是指國家利益不能凌駕於個

人之上，而不是指任何經濟領域的自由。自由
主義肯定了個人的基本價值。

　　現代民主的這兩個根源表明，自由與民主
是如此緊密地聯繫在一起，它要求消滅政治監
督，公正地對待平民百姓，公正地對待婦女與
少數民族，毀滅法西斯主義及其相關的意識型
態。

　　與資本主義倡導自由主義作為現代民主的
基石的觀點不同，馬克思主義卻看到了另外一
個方面。馬克思主義認為，只要資本主義和私
有財產存在，就不會有真正的民主。資本主義
制度下的民主是資產階級的少數人的民主，或
者說它根本就不是民主。資產階級利用民主概
念只不過是在反封建主義過程中的一種手段而
已，它只能產生愈益增多的對工人階級的剝
削。只有消滅資本主義與私有財產，才能獲得
工人階級的解放，實現真正的自由。一旦實現
了社會主義，人性的基本政治問題就會透過階
級的消滅而得以解決。在社會主義條件下，並
不存在任何嚴格的民主組織，不需要那種解決

衝突的制度，因爲在這樣的制度下不可能有大規模的敵對衝突。

其次，對民主的理解絕不啻是資本主義和馬克思主義之間的二元對立，還存在著政治左翼與右翼之間的分歧，更多的是就民主本身的涵義方面所形成的分化意見。

作爲現今國家主要政治制度的民主，其實踐的形式與學者們書齋中的民主概念兩者是緊密地結合在一起的。學者們書齋中的民主概念之所以是重要的，是因爲權威統治的政體往往在實踐中把各種政治成分混淆在一起，使人們難以辨明何種類型的民主才是適合於已經形成的政治體制的。當然，學者們在概括民主概念時，也絕非離開其實踐，其分類顯然與實踐中履行民主的政治體制聯繫起來。

1.民意決定：所有公民都可以在政治行爲的實質性目標或國家的作用方面產生不一致的看法。

2.參與：全體公民都可以不參與政治，也可以要求參與政治經濟的決策，這在法律上應

當是可能的。

　　3.評價：執政者可以不在他們中間提出候
選人，公民有表達其選擇機會的權利。

　　4.代表：由公民選舉代表參與政治，包括
由代表選舉領導人，被選舉的領導人對公民的
行為過程負責。

　　5.多數人統治：政府的職位不可以任意地
確定，規則不可以在集合多數選票的基礎上來
確定，而是必須真正地體現多數人的利益。

　　6.審核與平衡：政府部門必須透過集會、
行政上的集中匯報或審核法令、政策，必須向
公民作出解釋並徵得公民大多數人的贊同。

　　再次，實現民主的政治或行政手段的不
同，也表現了多元主義的當代風格。在歐洲民
主機制中，存在著很大的差別。例如，在歐洲
共同體國家中，有六個君主立憲國家，五個議
會政府的共和制國家，一個大典式的總統制國
家和一個單一體系的、多數權力由總統掌握的
國家。這十二個國家中，有八個具有議會議院，
四個具有單一的立法議院。

　　實際上，歐洲共同體中沒有任何兩個國家
是擁有相同的選舉制的，主要在於英法等國在
使用比例代表制上的差別。德國黨派至少需要
有5％的選票來獲得席位，荷蘭只需0.66％，不
列顛也有相應的選舉，法國則需要有兩輪選
舉。

　　在義大利、德國、比利時與荷蘭，使用的
是人民共和國形式。聯合執政僅僅是種方式，
既有好的方面，也有壞的方面。從好的方面看
是培養成了和解妥協的習慣，從壞的方面看是
產生了長期不能解決問題的特點。而在英國、
法國與西班牙，單一的政黨統治是正常的。

　　在整個歐洲，民主形式層出不窮，歐洲的
政治左派、右派以及中間派對新的政治意識型
態的探討，所形成的只是一些鬆散的無法統一
的信念。歐洲人參與了兩次世界大戰，加入了
過去一百年中無數的民族或民族之間的戰爭，
歐洲是二十世紀三個最有歷史影響的「主義」
——法西斯主義、共產主義與民族主義的誕生
地。還存在著三個攪擾歐洲平靜的政治運動：

綠色黨人、區域主義和極右派。綠色黨人雖然
在德國最近的大選中沒有獲得席位，但區域主
義卻處於上升勢頭，極右派在法國的民意測驗
中得到了15%的贊成票。義大利、德國、奧地
利的排外黨也取得了一定的成果。由於極右派
普遍贊成民族主義，所以也就意味著贊成多樣
化。

　　民主政治的體制要求得到憲法的保障，但
是，迄今爲止，卻沒有哪個憲法在某個普遍模
式方面是成功的。一般地說，憲法的制訂者們
希望能與傳統、與過去決裂，形成憲法的新型
態。但是，卻從未能夠擺脫過去的糾纏。憲法
總是從具體的民族的人民、地理、經濟出發的，
也必須借助鄰國對自己歷史的理解。所以，它
必須全面地反映所有相關因素，與這些民族特
徵越相一致就越好。我們不可能用同一標準來
評價一個國家的憲法。由此，我們便可以說，
我們也不可能用同一標準來評價各種不同國家
的民主政體。

三、民主不是偶像

二十世紀以來，人們把所有的希望都寄託在民主這個概念上，想像如果獲得民主政治，就能解決所有政治的、社會的、經濟的、行政的與文化的問題。如果實行民主政治，那麼各階級之間的對立就可以轉變成互利的合作關係，獨裁就可以得到遏制。但是，事實卻是：不可能好事都湊在一起。民主並非是一個現代社會政治的偶像。

第一，民主在經濟上未必能比其它統治形式具有更高的效率，其促進經濟增長、儲蓄和投資的比率不一定比非民主的體制更好。首先是在轉型時期，有可能造成資本投資等方面的破壞性影響，用民主方式建立起來的投資體系、分配體系不一定前景燦爛。人們過高的烏托邦式的期望或理想難以與實際的經濟發展目標相一致。如果我們用海耶克（Friedrich

August von Hayek) 的觀點看，那麼任何人都不知道將如何組織經濟發展，我們不可能眞正了解經濟結構；市場的變化是無窮的，要求作出的決策是如此之多，以致任何一台電子計算機不管是多麼地先進，也都將無法把這些決策輸入。

第二，民主也不必然地導致行政上的更高效率。因爲，民主政治所作出的決策的能力比其所替代的極權統治要低得多，任何一個民主的政權如果缺乏集中的能力，那將會是混亂不堪的。

第三，民主不可能更加有秩序、更合民意、更穩定或比極權統治更好控制。當然，民主化的初衷是爲了更好地控制社會，更充分地讓人民表達意見。但是，如果民主化會帶來無序狀態，那麼，民主化就如同無政府主義。民主化因此也能喪失其控制的能力。

第四，民主具有比專制更開放的社會與政治型態，但並不必然地具有更開放的經濟。今天，最成功最穩定的民主在歷史上卻是求助於

保護主義的，它廣泛地依賴於公共制度來促進
經濟的發展。長期的民主與資本主義的可相容
性似乎已經不令人懷疑，人們還不清楚這種自
由的經濟目標即個人持有財產獲得利潤的權
利，國有企業私人化等等是否能促進民主的鞏
固。民主化並不必然地導致其持續的經濟增長
與社會和平、行政的高效率、政治的統一、自
由市場的持續或意識型態的終結。

　　當今的民主觀已經表明了與後現代政治的
某些關聯，它不僅在多元主義方面，而且更爲
突出的是在反對民主、贊成自由主義方面，表
現出了強烈的後現代主義願望。我們不妨看看
海耶克的觀點。

　　海耶克在1980年前後，開始對民主政體提
出了嚴厲的批評。他在《自由人民的政治秩序》
一書中認爲，民主在過去已成爲一種偶像：最
後一個不允許懷疑的禁忌。然而，正是由於民
主的這種破壞作用，才使現代國家變得好侵
略。他認爲，自由黨人在對導致國家控制機制
不提出疑問的情況下，是無權抱怨國家控制

的。這是一個相互一致的問題。他說，這一切
都是由於民主這個詞失去其意義造成的。起
初，與君主政體截然不同的民主的國家政權受
憲法與習慣法的限制，但後來逐漸滑向不受任
何限制的民主：政府可以打著多數派的招牌爲
所欲爲。從此，多數派取代了法律，法律於是
就失去了存在的意義。最初的普遍原則今天已
成爲旨在爲特殊利益服務（藉著社會公正的名
義）的一種多變規則。而事實上，社會公正是
一種虛構，任何人也不清楚它由什麼構成。這
樣一個模糊不清的詞，使得所有的團體都以爲
自己有權要求政府給予他們特殊的照顧，它是
一根魔棒。在「社會公正」的背後，僅僅是立
法者透過向某些團體的慷慨施與，在選民中打
下良好印象的一種期待。政府已成爲被人有組
織地敲詐的慈善機構。政治家因施與他人好處
來收買支持者，對某些原則作出自願讓步。這
樣的利益分配有利於個別團體，而政府支出的
費用又都是由所有納稅人承擔的。所以，每個
人都有一種慷別人之慨、花別人的錢的感覺。

看得見的利益與看不見的代價之間這種不對等的交換，導致了一種錯綜複雜的情形，促使政府不斷地擴大支出以保護其政治上的多數派。

海耶克認為，在這種所謂的民主制度中，政治家已不再是普遍利益的代表，而變成了交易金管理人。在公眾輿論方面，政治家則透過大量的許諾將會給人民好處體現出來。海耶克認為，這種民主是不道德、不公正和極權的。在這種民主體系下，人不再是一個獨立自主的人，卻變成了寄生蟲與依靠國家照顧度日的人。總之，民主將直接導致普遍貧窮和大批人失業的結果，因為創造財富的資源總有一天會枯竭。我們能因此放棄民主嗎？如果放棄了民主政體，那麼又用什麼來替代呢？

海耶克說，民主業已貶值，正如托克維爾（Alexis de Tocqueville）所耽心的，我們把民主的理想與多數派的專制混淆在一起。海耶克認為，在我們的世界上，自發秩序優於政令秩序，自由主義是現代唯一的政治哲學。他引用了普利戈津所創立的混沌學，認為數百萬決

策與訊息的自動配合不是將導致無序，而是將
建立更高一級的秩序。

四、現代民主的危機

　　民主的時代是與工業化的發展齊頭並進
的。在歷史上，農業社會難得有民主存在，甚
至古希臘的雅典，民主也只屬於少數奴隸主，
大多數都是奴隸。正是由於工業化的到來，才
給我們帶來民主，在工業化浪潮的衝擊下，才
爆發了民主革命和導致廣泛的參與政治的改
革。

　　工業革命之所以帶來了民主政治，是由於
管理一個工業社會比管理農業社會要複雜得
多，所作出的決策要多得多。原來那種簡單分
散的經濟現在已經爲相互依賴的複雜的經濟和
社會所替代。在這種經濟社會裡，有著千差萬
別的活動必須協調一致，相互配合。這樣，就
使得參與決策的人數大大地增加了，這個參與

政治的集團往往是由社會的中上層人士所組成。工業革命所帶來的民主革命的實質就是要使更多的人能參與決策過程。

然而，政治參與是非常有限的。所謂擴大民主，也僅僅是擴大到那些處於有利地位的中間階級，而絕非人人都有決策權。實際上，中間階級能夠參與的決策也只是日常性的低級的決策，是那些使企業、社會和組織機構正常運轉的所謂決策當中的末梢工作，帶根本性的決策工作則基本上沒有工人和農民參加。

隨著工業社會的發展，決策的擔子過於沈重，要做的決定過於繁多、過於迅速，以致使人們應接不暇。所以，決策者們所作的決策其質量正在下降，甚至全面地在下降。人們對決策者的信賴程度也隨之江河日下，民主政治漸漸地形成了危機的局面。

正如托夫勒所概括的「第三波」和貝爾所概括的「後工業社會」那樣，民主的危機是隨著工業化社會向後工業社會的邁進而產生的。人們發現，在這「第三波」或「後工業化社會」

中，民主制度已經越來越背離它本來的原則，
社會越來越陷入道德的和政治的危機。當今出
現的「都市文明」引起了人們在價值觀上的變
化，平民百姓提出了各種不正當、不合法的要
求。例如，要求同性戀合法化，要求同居合法
化，乃至吸毒合法化等。這些在任何一種形式
的民主體制中都是無法做到的。因此，一些人
覺得民主並不能滿足人們的所有意願，它根本
就是多餘的。

　　托夫勒是後現代民主觀念的積極倡導者。
他認為，我們今天所處的世界正在把工業化拋
在後面，並正在迅速地變成一個非群體社會，
結果卻是越來越難以動員多數人，甚至難以動
員一次國家管理方面的人員的聯合。所以，就
出現義大利六個月沒有政府、荷蘭有五個月沒
有政府的局面。

　　托夫勒認為，在第二波社會中，多數派統
治差不多總是意味著有利於窮人的一次較為公
平的突變。然而，在今天，那些受到第三波震
撼的國家，情況常常正好相反。真正的窮人不

一定再在人數上占優勢。在很多國家中，他們已經成了少數派。多數派統治非但作爲一條合法的原則不再適合，而且，在向第三波推進的社會中，它也未必是人道的和民主的了。在第二波社會中，人們總是攻擊差異，把差異或分歧看作是分裂。當俄國人試圖壓服新的差異化、對隨之而來的政治多元論進行壓制時，他們實際上卻束縛了生產力的發展。一旦人們承認差異，鼓勵差異的發展，那麼，我們將會進入以少數派爲基礎的二十一世紀的新民主政體。

五、後現代民主政治構想

　　托夫勒認爲，在第三波中，政府的第一個異端原則是：少數派權力。因爲，我們在這個新時代裡，或者承認工業化社會的群體性，或者承認當今社會的差異性。而有的人會認爲，差異性的存在一定會自動地增加社會的緊張氣

氛與衝突，就會缺乏全社會的統一性。實際上，所出現的現實可能正好相反，在要求統一性時所造成的恰恰是不可避免的衝突。如果一百個人都想拼命獲得同一發財機會，那麼他們會因此而大打出手。但是，如果一百個人當中有了不同目標，那麼他們的交易、合作將會共生，將會從不同的追求中帶來更多的利益。因此，差異性將會締造一個安全而又穩定的文明局面。

從這個意義上說，與其說多數人統治是民主化的表現，那麼倒不如說能容納少數人的差異性、使差異性得以合法化並爲此建立合法的機構，才是真正的民主。由此我們則可以得出結論說，後現代民主意識將是與差異性聯繫在一起的。

第一，在今天的社會裡，工業社會的群體文明將爲非群體文明所替代，多數人的民主將爲少數人的民主所替代。因爲，工業社會的大機器生產、生產線等將集中大量的工廠工人，所出現的是大量的萬人以上的工廠。而在後工

業社會裡，電腦控制的生產自動化代替了萬人大工廠的生產方式，人們甚至只要坐在家裡就可以控制整個生產過程。這種非群體化方式增強了差異性。為此，我們需要為揭示差異而設計一種新的方法，而非用強迫的虛假的操縱選舉程序的方式來掩蓋差異。

　　可是，在工業社會中的投票箱畢竟還是有吸引力的。統治者用投票的方法決定普遍的意志，以51％的數字來決定某人或決定某種政策。不過，即使達到51％的選票，實際上也還是不能告訴人們意見的性質究竟如何。正如前面所述，多數人的統治所提供的反饋系統實在是太粗糙了，它的缺點也是那麼地明顯。今天的大多少數派及其勢力都缺乏戰略力量去破壞這種制度。因此，現行的政府必須以改革的形式來徹底改變投票與民意測驗的民主化方式。

　　我們正在進入有發達的通訊技術的社會，人們可以無須走到投票所進行選舉，還可以把自己的意見透過電腦的訊息網絡傳送到政治決策過程中去。透過計票，選擇不同的強度與等

次，決定不同強度的政策。這些政策根據選票
的不同而具有一定的差異。可能需要提供活動
場所，使不同的少數派按照輪流或隨意的方式
聚集到一起，探討問題，商談交易和解決爭端。
在今天這個世界上，已經形成了普遍的討價還
價的場所，允許各種各樣的意見的存在。

　　利用計算機和先進的無線電通訊技術來進
行投票的方法，不僅可以隨意挑選一位典型的
公眾代表，而且能天天保持這一典型形式，把
附近發生的一切情報都提供給政府。但是，如
果按照現代社會的傳統選舉方式，各地選舉出
來的代表必須聚集到中央政府的國會大廈、議
會廳等等，在那裡經過考慮、討論、修改和草
擬法律條文，然後來作出表決，以51％以上的
票數來作出最後決定。而在後工業社會或第三
波的社會裡，全國各地的代表們卻不一定要透
過集中討論，而是透過無線電通訊的方式準確
地作出選擇。人們還可以想像，在這樣的社會
裡，在一個地區內的選民可以隨機抽樣地被抽
取出來。這樣，第二波社會裡的民主手段將會

爲第三波社會裡的少數派爲基礎的民主服務，可以成爲我們改革政治體制、適應新的差異性的新工具。

第二，在後工業社會或第三波社會裡，民主政治將是既依靠代表也依靠自己的兩者結合，即「半直接性民主」。

在當今，代議制已經開始動搖。代表在投票後，彼此之間並沒有統一的看法，代表究竟能否代表選民呢？這是當今代議制所面臨的嚴重問題。美國國會爲了力圖抗衡行政官僚機構的影響，而建立了自己的官僚機構，國會的工作人員在過去的十多年中，從一萬零七百人增加到了一萬八千四百人。但這僅僅把問題從國會的外部轉到了國會的內部。人民所推選的代表，對政府所採取的許多措施知道得越來越少，而不得不越來越依賴別人的判斷，代表甚至連自己都代表不了。

國會、議會在理論上是調和各個對立派別的不同主張的場所，議會、國會的代表從事著政治交易。但是，今天，議會、國會的立法者

甚至想了解一點有關少數派的意願也是不可能的，更不必說是政治交易了。透過國會、議會等立法機構來仲裁少數人集團的政治交易的機會是非常有限的。代議制接近於癱瘓。這樣，原先由國會、議會所作的交易，現在已經是不可能的了。所以，人民就得自己去做，自己參與制訂法律。

代議制的侷限性是明顯的，而直接民主也同樣是有侷限的。在歷史上，直接民主的模式有1793年的法國革命憲法，有馬克思及其追隨者常引用的巴黎公社等等。直接民主不但對於暫時的和激動的公眾反應不能及時有效地抑制和緩和，而且，當時的通訊手段也不能處理這種活動。

直接選舉在今天已經表現出了完全不同的形式。1980年，在美國的俄亥俄州曾產生了一個通訊網絡，建立了第一個「電子政府」，這個電子通訊網絡的雙向作用是十分明顯的。一個小小的哥倫布市郊的居民，都可以透過電子設備參加當地的政治會議。他們只需要按動一下

室內的電鈕，就立即能就有關市政、城市規劃、
住房條例與公路建設等等進行投票。不僅如
此，他們還可以參加討論，大膽發言。這是第
三波社會中實行直接民主的最初典範。

　　第三，未來民主政治的第三個方面是決策
的分工，即打破決策的僵局，把決定權置於適
當地位。

　　政治問題的類型是五花八門的，一些決策
可以在中央一級進行，另一些則是分別在地方
各級進行的。同時，決策部門雖然可以分級，
但由於時間的變化，這些部門不是固定的。為
了打破工業社會所形成的決策僵局，我們首先
就需要對決策進行分類並重新分配，根據問題
本身的性質決定不同的決策單位。

　　工業社會裡，包括在計劃化的社會主義社
會裡，決策機構是單一的、統一的。許多決定
集中於一處，尤其是那些涉及國際經濟、跨國
一級的決定未能留給那些地區、省、州等。國
家一級的決定太多、負擔太重，簡直超出了它
的能力範圍。所以，非常需要建立一些富有想

像力的跨國一級的新機構，把許多決定轉到這些新機構中。需要建立全球性新機構，控制糧食儲存與緊急救災問題，控制軍火貿易的迅速蔓延，需要國際財團與非政府組織去解決各式各樣的全球問題。需要建立更好的機構去管理失控了的貨幣，需要有新的機構去替代國際貨幣基金組織、世界銀行與經互會等，或者對它們進行改造。必須建立強有力的跨國機構，去管理外太空和海洋。

　　在跨國一級，我們建立國際性組織，可以比原先由國家代替更有效，可以減少民族國家的決策負擔。決策的分散化是必然的發展趨勢。然而，把國際活動的事務轉移到跨國機構只完成了決策分散化的一半，我們還必須把決策權下放到更低一級的部門，在同一政治制度中，合理地分配決策權。當然，政治分權會導致惡劣的地方主義，會使地方政府比中央政府更加腐敗。但是，中央集權的政治體制比腐敗所造成的結果更壞。任何政治機構，即使有著高級計算機的儲存庫與數據庫，它也只能處理

有限的情報，只能作出一定數量與質量的決定。從經濟上說，我們已經面臨著一場生產和經濟活動根本性的分化，國家經濟可能已不再是最基本的單位，而是出現了一些越來越緊密的地區性聯合的經濟。例如，中國西北部不願作為東部的原材料產地，美國洛磯山各州拒絕變成美國西部海岸的「能源殖民地」。因此，由中央政府制訂出來的統一的經濟政策，對這些地區的經濟發展會產生根本不同的影響。同一個全國性經濟政策很可能只有助於某一兩個地區，而對別的地區則會是不平等的。由此，大量的經濟政策制訂工作必須由國家轉向省與州，使這些經濟政策非國家化、分散化。一個社會的經濟活動等關鍵過程分散化，決定了政府決策過程的分散化。

由決策分散化所導致的是決策權力領導成員的擴大。為了管理一個社會，所需要的決定數目越多、越有差異、越經常、越複雜，那麼，其政治上的決策負擔就越重，而舊的統治集團的決策能力完全只窮於應付。於是，就必須發

現與安排新的骨幹份子和有決策能力的管理人員分擔各種決策過程。政治參與的擴大正是與決策負擔過重相聯繫的。沈重的決策擔子不得不透過較有廣泛性的民主參與來解決。

後工業社會或第三波社會的經濟發展，促使現代民主制度躍進到了一個舊民主政體的解體、新民主制度的確立的邊緣上。我們所說的少數人為基礎的統治、半直接民主、決策分散化，絕非是回到民主制建立以前的專制集權時代，也絕非是走向無政府主義，而是適應新的時代所形成的使我們的一些民主化政治邊際化的一種新形式。它是以現代民主為基礎的，沒有民主的靈魂，就沒有後現代民主的形式。但是，它又擺脫了現代民主制的消極方面，拋棄了它產生副作用的陳舊外殼。在後現代民主制中，人民已經不那麼依賴於領導人物的才華，而是依賴於全體人民的能動性。

後現代的民主將在多樣化、異端、否定現代民主的形式之基礎上創造性地得到發展。

第五章
攀登權力高峰
——女權主義發展的
新階段

　　與後現代政治意識中的民主政治相聯繫的是：當今世界各國的女權主義思想。女權主義是當代政治體系差異性發展中的一個顯著特徵，是當今政治運動中角色多元化的一個顯著方面。女權主義是後現代社會的多樣化、權力分享與創新精神的一個表現，是新價值觀的一個表現。它意味著男權中心論的解構。

一、性別歧視的根源

　　婦女的人權問題是與不同的社會、政治、

經濟和歷史文化條件相聯繫的。如果我們從具體現實的角度來考察性別歧視問題，那麼就不難發現，它是與社會經濟政治的發展密切相關的。概括地說，男女不平等是由以下原因造成的：

第一，社會歷史、文化乃至宗教的原因。不同的社會有著不同程度的性別歧視。在日本，婦女始終處於從屬的地位，不享受法律和政治的權力。雖然五〇至六〇年代越來越多的婦女接受了教育，但這種改善卻收效甚微。婦女仍然只從事家務勞動，即使從事戶外的勞動或者從事專業工作，但日本婦女始終沒能成為社會生產的主力軍，最多只是在婚前工作幾年而已。

文化與宗教則更是阻止婦女解放的無形力量。許多國家的婦女至今也還是處於愚昧落後的狀態。一些國家甚至存在著對婦女所實行的酷刑，例如焚燒寡婦、強迫童婚，因嫁妝不足而被丈夫迫害致死等現象仍然存在。婦女在宗教、家族、男權的迫害下過著非人的生活。

　　第二，經濟發展程度的束縛。在多數農業國家裡，由於家庭規模很大，一家數代組成共同勞動的生產單位，大家住在一起，家庭和附近的田地是勞動場所和生活中心。在這樣的社會裡，婦女的勞動是這個家庭生產成員的一部分。然而，工業革命卻奪走了這些家庭的職能，以銷售為目的的有報酬勞動轉移到了工廠和辦公室，並主要成了男性活動的主要領域。社會分工的細化取代了許多家庭的功能，家庭的重要性因而大大降低了。男女之間也重新明確分工，男的外出掙錢養家，女的則從事於家務、舊式生產，沒有報酬。

　　在一些貧困的經濟落後地區，不僅婦女難以享受到自我實現的權利，她們有時甚至無法得到最基本的健康保障，具有很高的死亡率，婦女營養不良，產前檢查和產婦保健嚴重缺乏。

　　第三，生理上的不利條件。在人類的早期社會中，因為婦女必須生兒育女、撫養孩子，所以，她們已經有了比男子不利的生理因素。

當社會從簡單採集食物發展到狩獵時期，男的
身強力壯，當然更適合出遠門。男的打獵，女
的耕織，似乎是自然地形成的。狩獵的特徵助
長了男子的掠奪性與進攻性，他們在社會上的
權力越來越大過婦女了。而婦女由於連連生
育，也就失去了與男人競爭的機會，降低了競
爭的能力。

　　第四，傳統習慣的影響。從目前的許多工
業社會所存在的性別歧視來說，主要地是由於
農業社會幾千年來遺留下來的舊文化、舊思想
的傳統勢力的影響。同時，由於工業社會中的
勞動依然是體力勞動，它並不能從根本上觸動
父權制的基礎，即使有的婦女參加了工業社會
中有報酬的經濟活動，也只讓她們做一些無足
輕重的、報酬低的事，尤其是服務行業。留在
家裡的婦女常常被稱爲守「婦道」，但撫養孩
子、料理家務雖有助於男人們的生產，可畢竟
不是生產性的，甚至還是寄生性的。所以，婦
女的地位至今依然低於男性。

　　就連革命成功已經半個世紀的中國，在今

天性別歧視也依然受著傳統觀念的影響。它主
要是表現在婦女就業困難和農民重男輕女思想
的繼續流行。在日本，由於傳統的偏見，婦女
的主要工作領域是秘書（32％）、服務業（13.
4％）和生產（24.5％），在高等教育、科技和管
理領域裡的女性十分罕見。

　　第五，經濟分配制度的不合理。男女之間
在經濟分配制度上不合理的現象存在於極大多
數國家，婦女得到的報酬在世界範圍內平均比
男子少30％～40％。在西方社會裡，男女經濟
分配的不平等在很大程度上是由歷史原因造成
的。在歷史上，婦女的收入多數是家庭附加收
入，她們缺少教育和培訓，她們的職業在早期
很多都是自願性的。例如，小學教師、護理員、
圖書館管理員等等。同時，在西方國家，男女
工作種類區別十分嚴格，男人從事的是鋼鐵等
工業，而婦女所從事的則是服裝業等。男女同
工同酬很難實現，公平分配的尺度是以男性正
常勞動的強度與習慣來制定的，婦女則很少能
夠像男人一樣支出自己的勞動，像男人一樣地

生活。

　　無論是歷史上還是今天，男性依然處於支
配婦女的優勢地位，這似乎已經被制度化了。
男人與女人表面上的肉體活動，實質上是潛藏
著一個完整的價值觀和文化觀，潛藏著一種政
治關係。一個群體統治另一群體的機制左右著
兩性關係。婦女從屬於男性而處於不平等的地
位；兩性之間的統治與被統治甚至比其他任何
形式的種族歧視還要厲害，比階級分化更生
硬、更單一、更曠日持久。無論是性統治在今
天似乎在表現形式上多麼軟綿綿，它大概仍然
是我們現今文化最無孔不入的思想，而且體現
了文化最深刻、最根本的權力觀。

　　之所以如此，是由於現代社會仍像歷史上
一樣，是工業文明中的父權制社會，它的軍隊、
工業、技術、大學、科學、研究機構、財政、
政治等等幾乎一切權力所及領域都無不是男人
占居統治地位。男子的優越性正如其他政治口
號一樣，不是以男人的臂力為基礎的，而是建
立在一定的價值觀體系的基礎上的。之所以不

與體力相關，是因為現代社會已經不像古代社會那樣需要體力，體力勞動已越來越少，強度已越來越弱，體力勞動不占居社會勞動的主要地位。

對於兩性之間差異的性質，人們大都意見紛紜、眾說不一。實際上，除了生殖差異之外，我們幾乎發現不了兩性之間有著本質的差異。現代學者認為，人的胚胎最初都是雌性的，在胎內發育的一定階段上，其中具有Y染色體的胚胎在雄性激素的影響下轉變為雄性。出生時，兩性之間並不存在著任何性心理生理差異，只是在後天的教育裡由於其父母親的性別強調，從而形成了性差異。

長期以來，父權制賦予父親種種特權，父親可以把妻子兒女視為財產，包括處置他們的一切全權。在嚴格的父權制中，只承認男方的血緣，只有男性才能有財產的繼承權，女性則無權繼承財產，尤其是女方的繼承人無權繼承財產。因此，與其說父權制是由於生物因素所導致，不如說是由前期的社會因素影響的結

果。

上個世紀以來，急劇的社會變革使得父權制的「合法性」多多少少受到衝擊。父權制的某些暴力行為得到改變，父權制的殘酷與野蠻行徑也得到了緩和，諸如印度的寡婦在丈夫的屍首旁自焚，中國婦女的纏足，伊斯蘭婦女終身戴面紗，還有許多地方的婦女深鎖閨房與世隔絕等等現象，現在已經得到了改變。切除與割開陰蒂、販賣和奴役婦女、強制很早出嫁、姘居與賣淫等也不像過去那麼盛行了。但是，女權的問題卻至今都未得到徹底解決，特別是婦女的社會地位、經濟地位、政治地位等等仍然低於男性。因此，否認或解構男性統治的合法性已成為女權主義的一個重要目標。

二、女權主義的形成與發展

女權主義的發起，至今已有幾個世紀了。它的出現，是由農業社會向工業社會的轉變所

導致的。在農業社會中，幾乎每一個婦女的權力、特權和聲譽都是由她們所依賴的男人的地位以及她們與該男子的關係決定的。隨著工業化的發展，婦女的境況很快有了改變，男人對於婦女的統治已經逐步減少，她們擺脫了傳統的依附角色，開始形成其在工業社會中獨特的作用。

然而，婦女與政治的聯繫一直很少，到1900年止，也只有紐西蘭和美國國內的四個州允許婦女有選舉權。雖然女權主義早在法國大革命之後就已經萌芽，但一個多世紀以來收效甚微。自從上個世紀初開始，女權主義運動的中心轉到了美國，成了廢奴運動之後的一大政治運動。

在美國，女權主義經歷了三次浪潮。第一次浪潮是從十九世紀二〇年代開始的，一直持續到美國內戰時期。這次女權運動浪潮的首要目標是為婦女爭取平等的受教育的機會。1821年，美國開始成立女子學校，以後女子學校逐漸增多。至1841年，俄亥俄州立奧巴林學院突

破傳統首開男女同校之先河。

　　有組織的女權運動是在廢奴運動基礎上形成的。婦女運動的先驅一般都是廢奴主義者，廢奴主義團體中的成員其中一半是婦女。這些婦女往往是黑奴的地下救援隊。在幫助奴隸解放與逃跑中，這些婦女受到了從事政治活動、組織活動的訓練。此外，也從敎會活動、工會和禁酒運動中受到了訓練。

　　1848年7月18、19日，第一次女權主義者會議在紐約州塞尼卡瀑布舉行。會議通過了「宣言」。宣言認爲：「人類的歷史，是男人一再傷害婦女的、以建立男子對婦女的絕對專橫統治爲直接目的的歷史。」宣言歷數婦女受到不平等待遇的種種情形，通過了宣布婦女應當享有選舉權的決議，這個決議受到了廢奴主義者領袖們的支持。

　　在女權運動的第一階段，女權運動的主要目標是爭取婦女控制其財產和收入的權利、改善婦女受敎育的機會和爭取從事專業工作的權利。選舉權的要求雖然提出來了，但眞正實施

卻談何容易？直到美國內戰結束以後才成爲中心目標。

　　1860年，女權運動在十五個州廣泛展開。婦女的地位得到了某些改善，初步取消了一些不利於婦女的法律。由於內戰，男人上了前線，而婦女則大批地湧進了政府辦公室工作，成千上萬的婦女加入了勞動大軍，負起了企業的生產與管理工作。

　　第一階段的女權運動的戰績平平，取得的進展十分有限。

　　第二次女權運動的浪潮是十九世紀末至二十世紀二〇年代。女權運動大刀闊斧地被推進。在這一階段，女權運動的目標是獲得選舉權，因爲在廢奴運動中，黑奴中的男性已經獲得了選舉權。所以，女權運動的領袖們認爲，婦女獲得選舉權是理所當然的。

　　但是，事與願違。1868年的憲法修正案仍然只保障男性公民享有選舉權，而婦女則被排除在外。這使女權運動的領袖們十分憤怒。女權主義者紛紛加緊了女權運動的步伐，她們建

立了全美婦女選舉權協會、婦女俱樂部總聯合
會，擁有會員一百萬人，致力於保護婦女的權
益。還建立了全國消費者聯盟等，反對種族歧
視和性別歧視。

　　1890年前後，女權運動戰果輝煌、捷報頻
傳。不但離婚法、財產法中歧視婦女的條例被
廢除，而且已有一個州允許婦女有選舉權。而
到1918年，有十四個州陸續給予婦女選舉權，
另有二十三個州的婦女享有部分選舉權。

　　之後，女權主義運動又提出了新的目標，
即參加修正憲法的權利，成立婦女黨。1919年，
國會正式通過了憲法修正條例，給予婦女選舉
權。各州在1920年批准實施。至此，女權主義
運動在爭取政治權利的目標上大大地邁進了一
步。

　　第三次女權運動浪潮是在兩次世界大戰之
後掀起的。在二〇年代，婦女運動遇到了許多
困難，因為選舉權的獲得使許多婦女組織認為
已達目的，從而解散了自己的組織。隨著第一
次世界經濟大危機所引起的經濟大恐慌的到

來，婦女運動舉步維艱，難以深入發展。女權
運動似乎已近盡頭。接著而來的兩次世界大戰
則把婦女的注意力引向對戰爭的關心。但是，
二次大戰之後，婦女參加勞動走向社會的形勢
則大爲好轉，而女權運動則處於低潮時期。

　　六〇年代，民權運動、反越戰運動、大學
生校園的造反運動等等，給了婦女新的影響，
女權運動被再次提了出來。於是，就形成了第
三次女權運動浪潮。

　　與此同時，在法國，存在主義作家西蒙・
德・波娃（Simone de Beauvoir）於1949年出
版了她的著作《第二性》。此書一出版就十分暢
銷。波娃認爲，男人的世界是不可能自願地放
棄自己的統治的，因此，婦女應當爲自己的權
利而鬥爭，直至男人們拒絕把自己當作唯一
的、絕對的主體，直至他們有了自我否定精神，
解放婦女就是解放男人。波娃對婦女們宣稱，
婦女只有利用存在主義的世界觀看待自己，才
能更有益於自己的解放。每一個主體將透過建
功立業尋求超越的方式；她只有透過持續不斷

地追求自由，才能獲得自由。波娃《第二性》
的流行，成了女權主義進一步發展的基石。

　　而在美國，貝蒂·弗里丹（Betty Friedan）
於1963年出版了《女性的奧秘》一書。此書猛
烈地抨擊了當時流行的認為婦女只有成為賢妻
良母、生兒育女才能實現女性的完美的觀點。
她的這本書與波娃的《第二性》一樣，是女權
主義運動的經典之作。它意味著女權運動從追
求外在的平等權利時代，已經向著從思想意識
上對婦女自身的認識轉變。

　　1972年，美國國會兩院終於以壓倒性多數
票（衆議院354對23票，參議院84對8票）通過
了憲法修正案，提交各州批准婦女的平等權
利。修正案條款明確寫道：「根據法律的平等
權利，不得因性別歧視而被合衆國或任何一州
加以拒絕或限制。」

　　修正案提交各州後，兩年內就得到了三十
四個州的批准。但1974年後卻停滯不前，有關
修正案的爭議日益增多，保守的婦女組織、右
翼政治集團、原教旨主義者紛紛組織起來反對

修正案，組成「阻止平等權利修正案」聯盟，
污蔑修正案將會破壞家庭，強迫婦女外出工
作，使婦女參加部隊等等。結果，修正案卻在
規定期限內未得到四分之三個州的批准（要得
到批准，必須得到三十八個州的贊同）。

　　然而，從人口的民意測驗來看，絕大多數
人是支持女權運動的。1981年7月進行的民意測
驗表明，有68％的人贊同修正案，只有32％的
人持反對態度。女權運動在那些人口占全國多
數的州裡得到了承認。

　　九○年代以來，美國婦女在勞動大軍中的
比重有所增加，在五千萬進入工作年齡的婦女
中，有三分之二加入了勞動大軍行列，其中大
部分人從事全日制工作。婦女的工資現在已經
增加到男子工資的70％以上。婦女的大量就業
為婦女參政創造了條件。自從1920年以來，到
今天，婦女選民已經占全體選民的53％，投票
率占50％左右。婦女競選公職的人數日益增
多，1975年達7,089人，1982年達16,385人，女
國會議員從1971年的13人上升到1983年的23

人，有的婦女還擔任了州長與副州長，還有的
被提名爲副總統候選人。不過，在今天擔任民
選公職的婦女只占全部民選公職的3%。婦女在
政治上雖然取得了一些權利，但在決策方面所
起的作用卻是微不足道的。

　　在西歐，女權運動不僅對婦女具有很強的
吸引力，而且也引起了不少男性的回響，就連
過去對女權主義持消極態度的男性，現在也樂
意加入男女平權運動的行列。西歐的女權運動
往往與維護生態平衡、環境保護、反對核武戰
爭、保衛和平等運動結合在一起。女權主義者
以爭取婦女的政治權利和社會經濟權利爲主要
任務，將男女平等視作衡量是否眞正民主的最
重要標誌。

　　在德國，女權運動與綠色運動相結合，婦
女已開始左右國家和地方政策的制訂。在德國
綠黨內部，八〇年代已經明文規定：婦女在各
級領導機構中的比例不得少於三分之一。

　　在法國，女權運動起步較早。但是，本世
紀上半葉發展緩慢，直至二次大戰之後，法國

婦女才獲得選舉權。法國婦女在社會生產中的地位日益提高，大約每年有十五萬婦女進入勞動市場，在整個勞動力人數中，婦女占了44.5％。現在，法國婦女的收入占整個家庭收入的40％以上，婦女在家庭中的地位與男子平等。這就為婦女參政提供了條件。1992年，婦女領導人員數量已占全部的22％。

在英國，女權文化由來已久，但是，女權意識與實際尚差距很大。1870年，英國通過了「已婚婦女財產法」，婦女有權持有自己的財產。本世紀二〇年代，英國婦女被允許參加議會競選。到1928年，英國婦女獲得了選舉權。可是，由於整個英國文化的發展都具有保守性，所以英國女權運動始終發展得不盡人意。雖然英國保守黨領袖Ｍ·佘契爾夫人蟬聯三屆英國首相，但是，卻從來就被女權主義者視為陌路人。除佘契爾夫人之外，英國婦女很少進入政界的核心。在英倫三島，男女不能享有同等的權利與機會，男女收入差距也很大。婦女在政治上遠未取得與男人平等的地位。

　　在整個世界，婦女選舉權問題早在十九世紀就已成為一個突出的社會問題。1893年，紐西蘭最早獲得了婦女選舉權。二十世紀初，先後有澳大利亞（1902）、芬蘭（1906）、挪威（1913）、丹麥（1915）、俄國（1917）、德國（1919）、美國（1920）、捷克斯洛伐克（1920）、波蘭（1921）、緬甸（1922）、厄瓜多爾（1929）、法國（1944）。第二次世界大戰以後，義大利、羅馬尼亞、南斯拉夫和中國大陸的婦女也都獲得了選舉權。在戰後的二十年中，世界上婦女獲得選舉權的國家已經超過一百個。這些國家和地區都在法律上明文規定婦女享有同男人平等的權利。

　　從世界婦女參政的發展趨勢來看，婦女參政的比例呈上升趨勢。但與男子相比，仍處於劣勢。八〇年代以來，許多國家國會與議院中，女議員的比例分別是：挪威35％，瑞典30.9％，捷克30％、丹麥29％、波蘭24％、法國9％、英國6.3％。據統計，目前世界上約有一百八十名婦女擔任政府中部長級以上職務。特別是三個

斯堪地那維亞國家，議會中的婦女代表占居三
分之一強。而挪威的首相是位女性，十九個內
閣大臣中女性占九位，還另有兩位婦女分別當
任兩個政黨的領袖。

1990年底，婦女擔任首腦的聯合國成員國
有六個，占聯合國成員國的3.8％，全世界也只
有3.5％的內閣部長是女性。男子牢牢把握著國
防、經濟決策和政治事務等關鍵性領域，整個
世界還是一個男性占主導地位的世界。這種狀
況將使女權運動繼續發展下去，許多西方國家
的婦女活動份子開始透過非政府的管道，獲得
在社會某些方面的領導地位，向傳統的男性中
心的社會發起猛烈的進攻。

不過，從一個多世紀中女權主義運動可以
看出，婦女解放的主題正在實現。婦女在教育、
生產、經濟、政治等領域的地位越益得到了改
善。許多國家規定婦女有選舉權與被選舉權，
婦女與男人具有公平競爭的權利。但由於婦女
在爭取平權運動中還未徹底地從傳統中解放出
來，所以，往往失去競爭的機會或在競爭中失

利。

　　總之，二十世紀六〇年代以來的婦女運動是世界面臨的新挑戰。它被稱爲全球婦女新的運動，或新女權主義運動。這場新女權運動是對原來男性占居社會統治地位的舊社會結構的有力抨擊，是婦女從工作、經濟等等問題朝著女性角色的社會化方向的大轉變，也意味著傳統的女性處於受支配地位的時代已經一去不復返了。

三、婦女參政與後現代政治

　　自從波娃的《第二性》和弗里丹的《女性的奧秘》出版的年代至今，婦女運動的總目標是參政。之所以能夠提出參政問題，是由於工業化的時代在此時已經發展到了頂點，「第二波的社會」處於極盛時期，新的社會變革正在開始，白領工人和服務行業的工人有史以來第一次在人數上達到藍領工人並超過藍領工人的

數量。

　　六〇年代伊始，電腦被用於商業，工業社會的普遍危機就此開始了。這場危機的特點是：工業化時代的一切舊角色結構都受到了懷疑，現代婦女運動的目標是要改變工業社會所規定的角色定義。從這個意義上說，婦女運動是把我們帶出了傳統的工業時代的一場大規模歷史運動的一部分。婦女運動和那十年裡發展起來的民權運動、學生運動、反殖民主義運動等等一樣，也正是工業革命所造成的世界群眾性批判運動的一部分。

　　隨著第三波的到來，整個社會秩序正沿著新的、更多樣化的方向在分化和改組。而婦女運動所要爭取的角色，也只是這種多樣化發展的形式之一。我們將面臨著一個角色多樣化的社會的到來，無論男性還是女性，他們在社會中的角色將不可能是單一的。因為，將來的社會是一個以腦力勞動為主的社會，女性在這樣的社會中可以從事比男性更有利的、更有效率的工作，婦女的生育可以自己控制，婦女可以

對各色各樣的角色加以選擇；而男人也很願意選擇照料孩子，成爲妻子的賢內助。

除了當今社會角色的多樣化外，婦女運動，尤其是婦女參政，是當今民主政治發展中的一個重要表現。在今天後工業化社會中，「階級」這個術語已經漸漸被淡化，階級制度的重心已經發生轉移。在一個後工業化的國家中，決策更多的是由政治和計劃決定的。但是，社會卻是一個公衆的非群體化社會，我們不可能用傳統的眼光把他們分割成什麼階級，社會之間的衝突往往不是階級衝突，而是價值觀的衝突，是百姓與官僚之間的衝突。

在今天的社會發展中，政治決策將是公共政策方面的最重大問題。因此，社會方面產生了強烈的「民主參與意識」。全社會的成員不管是年長年幼，還是城市農村，都試圖對當局的政策、決策等方面的事務加以關心，並獲得參與權。婦女運動的目的也正是爲了參與政治決策，在政治上以及在其他問題上獲得發言權。

當代所發生的具有決定性意義的社會變化

是：經濟職能從屬於政治秩序，經濟秩序的獨立性正在走向結束。社會主義雖然走向市場化，加大了經濟發展的獨立性，但是它並沒有完全放棄計劃的控制。新的更多樣化的不同控制體系正在出現。對社會的控制首先是政治。所以，婦女民主參政意識的增強，是由於政治的作用所導致的。

但是，從近一、二十年來看，「民主參與」並非是靈丹妙藥，應當由誰來作出決策？在哪些政府中作出決策？作什麼決策？爲多大的社會單位作出決策？沒有一個核心集團，「民主參與」是解決不了的。這個社會究竟應當由誰來管理？我們尚待觀察。政治舞台的擴大以及更多的人參與進來，意味著達成決議和辦成一件事要花費更多時間和更大的代價。提出要求的人數更多，利益關係更複雜，各方討價還價的機會也更多，分歧更大。所以，調停所花的時間和精力也更大。參與越多或許會導致更多的挫折。

女權運動也是從發現自我到解構舊的社會

角色男性化定位的轉變。弗里丹在其《女性的奧秘》一書中認為，女權運動就是意識到婦女的自我危機。她認為，婦女在過去的日子裡對自己的人生目標作了「錯誤的選擇」，是把自己關在了「舒適的集中營」中。婦女一旦處於消極被動地位，排斥積極的目標與抱負，透過他人而活，不進行深刻的思考，逃避面對現實世界，那麼，就是一個無自我的寄生動物。她用戰俘集中營作比喻，說最後成為戰俘最凶惡的敵人的，不是黨衛隊，而是戰俘自己。因為他們無法忍受眼前真正的處境，他們拒不承認實際存在的問題，終於「適應」了集中營，彷彿關在監獄才是唯一的現實。把集中營當作整個世界，使自己看不到過去更廣泛的世界，看不到當前自己的責任以及存在於將來的各種機會，從而把自己監禁起來。女權運動使自己不再「適應」家庭主婦這一角色，從家政開始轉到了國政。為婦女人生實現了第一步超越，使自己成為一個獨立的人。

　　不僅如此，女權運動還意味著向男性這一

歷來統治社會的角色宣戰。在歷史上，男性始終是一個社會的主體，「男性氣質」意味著支配感，越有支配感的男性其氣質越顯得剛強。但是，婦女向男性的宣戰，不僅要衝擊男性統治世界的「合法性」，而且更重要的是「自我中心」的消解。根據美國人格主義心理學家馬斯洛（A.H. Maslow）的觀點，婦女身上自我的力量或支配感越強，就越不會以自我為中心，就會更關心其他人和世界上的各種問題。與此相反，那些較因循守舊的女性，支配感弱的婦女主要關心的是她們自己，是自己的自卑感和種種不如別人的地方。由於婦女參政往往給現今政治的機制加進了潤滑油，使得男女角色的本來結構發生解體。而新的男女平權政治則可在互相補充、互相協調的基礎上得到更好的發展。

直至今日，女權主義已經涉及各個領域，諸如政治、科學、哲學以及各種意識型態等都受到女權主義的衝擊，男性統治正受到挑戰，男權的自然合法性面臨危機。新的政治、經濟、

思想文化正敞開大門，迎接來自各路的大軍，
共同想像與構造著豐富多彩不拘一格的未來。

第六章
走向中立

　　對許多傳統的政治學家來說，世界近現代史就是專制與民主之間的鬥爭史。這兩者之間的鬥爭已經透過王權與民權、集權主義與共產主義、專制與民主、意識型態與實際的統治等等之間的關係表現出來。乍看起來，似乎現今的歷史也同樣是爲了政治上專制與民主的鬥爭展開的，人類活動的目的就是形成政治的和意識型態的鬥爭的聯合體。

　　然而，事實果然如此嗎？後現代政治意識型態的發展顯示，歷史絕不是由政治鬥爭所構成的，近現代關於專制與民主之間的鬥爭實踐也已成爲終結。鼓吹後現代政治的人們不時地

給人提出了一些前所未有的口號，他們認為「歷
史終結」了。自從1917年布爾什維克黨給俄國
帶來了社會主義，使馬克思主義成為國際事務
中一支強大力量以來，二十世紀上半葉為結成
聯合戰線所作的鬥爭，早已為專制與民主之間
的鬥爭所替代。而隨著法西斯主義的走向墳
墓，專制主義也漸漸走向沒落，以致我們的時
代似乎已經處於「歷史的終點」。

　　不過，一些擁有權力的政治家們則認為，
隨著冷戰的意識型態爭論的終結，我們卻不能
掉以輕心地斷言專制的歷史已經終結。這種意
識型態的終結只不過代表著新舊時代特徵的分
水嶺而已。它像先前歷史的各個轉捩點一樣，
也標誌著新的歷史時期的開始，那就是我們仍
須返回到一個永恆的政治主題，即重新研究、
探索那些復活專制制度、民族主義與戰爭的因
素和人類歷史前進的障礙，特別是不要忘記世
界政治舞台中的最突出特徵──關於權力的無
情鬥爭是永遠不會消失的。冷戰的結束並不保
證國際共同體已經超越了專制與民主的鬥爭，

或者已經超越了國際之間的爭論與戰爭。前蘇聯總統戈巴契夫在1992年5月曾指出：世界政治的主要中心，今天看來，似乎就是贊成和平、合作與全球安全。但他卻仍警告人們說，我們仍需作出更大的努力來維護世界的民主化潮流，並使之不要逆轉。

　　但是，戈巴契夫的話在今天也許很快就會失去它的預言性。因為，在整個五〇年代以前，人們對當時的政治似乎無能為力，每個人似乎都是戰爭的手段，國家都是戰爭的機器。由於專制與集權統治的弊端，使人民就像患了夢遊症一樣地不知自己行為的目的、受著誰的指使。然而，到了今天，人們經過民主化浪潮的洗滌，經過決策分散化和分權，對自由的信仰已經成為主旋律，自由市場的進一步發展，以及社會主義計劃國家經濟的市場化，主宰社會行為的似乎是「看不見的手」，政治力量便開始淡化。一個典型的事實就是：人們開始放鬆了對專制的警覺性，開始不關心政治。

　　在政治學的文獻中，對不關心政治的事實

還缺乏較多的解釋，無論是自由主義抑或馬克思主義，都不曾把它作爲一個中心問題。我們面臨的政治意識往往是：許多人掙脫了流行的信仰與束縛，卻沒有找到新的信仰，而是處在一種想像的邊緣上，他們既不是激進主義，也不是自由派；既不是保守派，又不是反對派；確切地說，似乎是逍遙派。人們成了旁觀者、想像者。

　　使人們成爲旁觀者、想像者的原因，不僅是經濟市場化、自由化的趨勢，而且還有當今的輿論工具，廣播、電視、報紙等新聞記者已經排除了進行誇張的可能性，他們訓練有素，耳朵似乎成了敏感的錄音帶，眼睛成了精密的攝影機。他們要說的話，往往都是人們生活中體驗到的。這就使人們消除了反感與厭煩的目標，對政治的冷漠氣息漸漸侵入人的機體。

　　四十年前，美國的民主曾經受到全世界政治觀察家們的注視。但是，半個多世紀來美國人民自己卻對這種民主失去了信心。當然，受到廣泛懷疑的不是民主形式本身，而是它的發

展方向。一些政治學家評論說：政府的官員都是我們的僱員，都是在民衆的同意下管理我們的事務的，所有的法官、警察都是我們推舉出來的主持正義的人，……我們有自己的管理員，他們不能忘記我們，否則，我們就叫他們找不到工作。我們有世界上最好的制度，這是沒有疑問的。儘管如此，我們往往覺得自己不過是一齣戲的觀衆，我們有權觀看，有權喝采，也有權對這齣戲的演員提出批評，甚至有權再增添演員。但是，我們卻無權改換劇本，劇本好像一經形成就不得更改，而寫作劇本的卻不是我們。最令人驚駭的是甚至連管理員也不是劇本的作者……以致我們無法預料到以後會不會有某個意志強加在我們頭上。沒有這些管理員，就會陷於無政府狀態，有了這些人則時時令人耽心會在生死攸關的問題上脫離我們。

　　政治異化現象在我們的時代照樣存在。人們參與選舉並不表示是關心政治，許多人是從衆態度，他們並不了解候選人。他們之所以要投票，只不過是跟隨大衆而已，或者是由於某

種傳統的習慣影響。而在許多情況下，只有半數或半數多一點的人參加投票，不參加投票的近半數人，實際上在決定選舉中也起著很重要的作用。由於這種選舉制度的弊端，使得被選舉出來的領導人比以往更不受信任，他們毀譽參半。

　　造成這種現象的原因在於選舉制度本身。在這種選舉制度中，公衆對於一長串候選人名單根本不了解，所以，政黨機關就可以挑選那些忠於自己的、卻對社會用處不大或毫無用處的人。這些黨的工作人員中，不少是「拿錢辦事」的，長於完成任務，卻得不到宣傳和公認。另一些人之所以能被列入候選人名單則是由於其如同「弱小姐」一般極易控制，可以做上司的傀儡。而較有才能的人在市場化社會中則易於找到更合適的工作，他們變得對政治不感興趣，卻熱衷於「賺錢」的宏偉事業，在經濟上出人頭地，然後才可能與政治發生聯繫。但也只是充當某種擺設，政治在這些人這裡也只是邊際化的，這些人既是經濟巨頭，也是政治人

物。

職業、收入和社會方面的普遍進步，助長
了政治滿足感的盛行。一方面，社會的多樣化
充分地發展了人的才能，使人的能力的發揮範
圍得到了極大的拓展，人們不再是「學而優則
仕」，不再是把公職當成自己的就業目標。另方
面，由於個人和權力中心的距離很遠，在政治
希望與政治現實之間有著許多阻礙，這使得年
輕的一代喪失了對政治的直接興趣。於是，便
採取了一種極為明智的做法，即「不關心政
治」。不關心政治的人不是不能為，而是不願
為，是人們意識到自己無能為力。

不關心政治的另一個原因就是：現有的政
治組織與政治領導人對於社會問題的解決無
方。他們無法把解決社會問題的方法與人們所
理解的理論結合起來，無法利用大眾媒介來生
動準確地解釋有關問題，他們介於官僚主義與
民主之間，把責任推給民主，把利益留給自己，
以至於把政治問題轉變成行政問題。領導層內
部有時也為了解決問題而發生爭執，以至於辦

事拖沓，效率極低。既然任何人都無能解決好社會問題，人們也就無興趣去從事政治事務。

　　無論政治怎樣重要，它都只不過是社會秩序的一個方面，它沒有必要只靠政治的忠誠來維持。在一個自由市場的社會中，對政治的不關心似乎是意料之中的。正是由於此，所以經濟巨頭與貧窮的平民都不可能成為政治的要人，成為領導人物。由於當今道德與價值觀的多樣化發展，不可能形成統一的社會秩序的道德基礎，在一個以自由市場為基礎的社會裡，在一個權力並不完全遵循規矩的制度中，依賴於社會的約定與習慣力量也同樣可以使社會的物質生活、精神生活組織成有序的整體。

　　隨著政治鬥爭與民主的發展，官僚體制必然會產生矛盾和危機。這些矛盾與危機的解決，有可能依賴於當今社會的中產階級。因為，中產階級所發生的變化開始使政治鬥爭大大地分化了，他們對政治沒有共同的要求與希望，沒有什麼共同的信念；他們不屬於任何一翼，或者可以說，他們將能容納各種分歧意見。由

於其職業在社會中所占居的地位的原因，中產
階級不可能自覺地形成政治組織，即使會有形
成政治組織的意願，也不可能產生於該階級的
內部。他們在職業意識型態上就是政治消極思
想，一般不參加政治鬥爭，幾乎不能把政黨、
工會、階級這樣的概念強加於他們身上，他們
沒有可能形成一個屬於他們自己的獨立的政
黨。

　　那麼，這樣一個階級怎麼能在當今社會政
治舞台上唱主角戲呢？原因也正是他們的政治
立場本身。他們雖胸無大志，但卻是政治上的
平衡籌碼。因為它們沒有獨立的意志，所以容
易在當今民主體系中從政治的後台走到前台。
但是，作為個人，他們左右搖擺，猶疑不定，
行動無目的性與連續性，他們沒有政治熱情。
他們之所以成為政治人物，僅僅是因為名望。
在當今發達社會中，這些中產階級隨時都可以
出賣自己，依附別人。不過，沒有人能算準他
們今後是否能穩定地為自己服務，今天的發達
國家的現實已經告訴我們這一點。

　　這樣一種現實將把後現代政治推向進一步
的發展。托夫勒認為，第三波陣營中的許多人
無疑是接受過大學教育的中產階級人士。他們
似乎是非群體化的：自由市場論者、自由意志
論者、女權主義者、社會主義者、中立者等等，
五花八門，他們的組成將使第二波社會的政治
制度支離破碎，無法修補，而替代這種支離破
碎的制度的則是一個和諧的、無階級的、非意
識型態的未來社會，是一個各個國家處於互相
依存關係中的社會。在這樣的社會中，國與國
之間也是相互獨立的；也因為互相依賴，所以
也就互相制約，互相並存、獨立。

　　如果說，洛克、孟德斯鳩、彌勒等人是現
代政治的發明者，他們的使命是創造，那麼現
今社會中，我們當中的每個人、每個部門、企
業則是這種形式的破壞者。它們在長期的社會
進化中逐漸地破壞了現代體制，使之過渡到充
滿想像力的新的政治制度。而這種政治將把權
力交給專家、律師、市民組織、工會、教會、
婦女團體、少數民族、科學家、商人等等。這

些對來自各個方面的富有想像力的建議，利用
電腦與電視作出最有效的迅速處理，它把變革
的責任落在全社會每一個人身上，讓言論自由
得到最高體現，實現其最高的想像力與最充分
的表達。差異、邊際化、多樣化、想像力、超
現實主義、批判、自我實現、非中心化等等，
將成爲後現代的強音。

參考書目

J. Rosenau, *Turbulence in World Politics* (1990), Brighton.

H. Foster (ed.), *Postmodern Culture* (1985), London.

J-F. Lyotard, *The Postmodern Condition* (1984), Minneapolis.

A. Linklater, *Beyond Realism and Marxism: Critical Theory and International Relations* (1986), London.

S. Lash, *The End of Organized Capitalism* (1987), Cambridge.

A. Seldon, *Capitalism* (1990), Oxford.

A. Ross (ed.), *Universal Abandon: The Politics of Postmodernism* (1989), Edinburgh.

J. der Derian and M. Shapiro (eds.), *International/Intertextual Relations: Postmodern Readings of World Politics* (1989), Lexington.

P. Brooker (ed), *Modernism/Postmodernism* (1992), London.

Annual Editions, *Comparative Politics* 1993 —1994, The Dushkin Publishing Group, Inc.

C. W. Kegley, Jr. Eugene R. Wittkopf, *World Politics: Trend and Transformation* (1993), N.Y.

R. Rorty, *Contingency, Irony and Solidarity* (1989), Cambridge.

讓‧雅克‧塞爾旺——施萊貝爾,《世界面臨挑戰》,朱邦造譯,三聯書店,1984年。

丹尼‧貝爾,《後工業社會的來臨》,高銛譯,

商務，1986年。

A.托夫勒，《第三次浪潮》，朱志焱等譯，三聯書店，1984年。

A.托夫勒，《預測與前提》，粟旺等譯，國際文化出版公司，1984年。

杭廷頓，《變革社會中的政治秩序》，李盛平等譯，華夏出版社，1988年。

P.萊昂，《二十世紀後半期世界經濟與社會史》，謝榮康等譯，上海譯文出版社，1985年。

A.海耶克，「個人主義：眞與僞」，海耶克著《個人主義與經濟秩序》，賈湛等譯，北京經濟學院出版社，1989年。

C.梅里亞姆，《美國政治學說史》，朱曾汶譯，商務，1988年。

西蒙・諾拉、阿蘭・孟克，《社會訊息化》，施以方等譯，商務，1985年。

李道揆，《美國政府和美國政治》，中國社會科學出版社，1990年。

米爾頓・傅利曼，《資本主義與自由》，張瑞玉譯，商務，1988年。

H.馬爾庫茲：《單向度的人——發達工業社會
　　意識型態研究》，劉繼譯，上海譯文出版社，
　　1989年。

埃里希‧弗洛姆，《對自由的恐懼》，許合平等
　　譯，國際文化出版公司，1988年。

麥克萊倫，《馬克思以後的馬克思主義》，余其
　　銓、趙常林等譯，中國社會科學出版社，1986
　　年。

貝蒂‧弗里丹，《女性的奧秘》，巫漪雲等譯，
　　江蘇人民出版社，1988年。

西蒙‧德‧波伏瓦，《女人是什麼》，(也譯作《第
　　二性》)，王友琴等譯，中國文聯出版公司，
　　1988年。

C.賴特‧米爾斯，《白領——美國中產階級》，楊
　　小東澤，浙江人民出版社，1987年。

《鄧小平文選》(第三卷)，人民出版社，1993
　　年。

文化手邊冊　24

後現代政治意識

作　　　者／鄭祥福

出　版　者／揚智文化事業股份有限公司

發　行　人／葉忠賢

總　編　輯／孟　樊

執行編輯／應靜海

登　記　證／局版北市業字第 1117 號

地　　　址／台北市新生南路三段 88 號 5 樓之 6

電　　　話／(02)2366-0309　2366-0313

傳　　　真／(02)2366-0310

印　　　刷／偉勵彩色印刷股份有限公司

法律顧問／北辰著作權事務所　蕭雄淋律師

初版一刷／1996 年 7 月

初版二刷／1999 年 11 月

定　　　價／新台幣 150 元

南區總經銷／昱泓圖書有限公司

地　　　址／嘉義市通化四街 45 號

電　　　話／(05)231-1949　231-1572

傳　　　真／(05)231-1002

ISBN 957-9272-61-1

網址：http://www.ycrc.com.tw

E-mail：tn605547@ms6.tisnet.net.tw

國家圖書館出版品預行編目資料

後現代政治意識＝*Consciousness of*

　　　　　　　Postmodern Politics／鄭祥福著.

　--初版. --臺北市：揚智文化, *1996*〔民85〕

　　面；　公分. -- (文化手邊冊；*24*)

　參考書目：面

　ISBN　957-9272-61-1(平裝)

　*1.*政治-哲學，原理

570.11　　　　　　　　　　　　　　*85003872*